О. В. Джежелей

ЧТЕНИЕ И ЛИТЕРАТУРА

3 класс

Учебник в трёх частях
Часть первая

Рекомендовано
Министерством образования и науки
Российской Федерации

5-е издание, переработанное

Дрофа

Москва · 2006

УДК 373.167.1:82
ББК 83.8я71
Ч-77

Автор-составитель *О. В. Джежелей*

О. В. Джежелей. Учебно-методический комплект «Чтение и литература»

1. Азбука.
2. Прописи. № 1, 2, 3, 4 (*автор Н. Г. Агаркова*).
3. Учебник по чтению в период обучения грамоте. 1 класс.
4. Учебник. 1 класс. Ч. 1, 2.
5. Учебник. 2 класс. Ч. 1, 2, 3.
6. Учебник. 3 класс. Ч. 1, 2, 3.
7. Учебник. 4 класс. Ч. 1, 2, 3.
8. Обучение первоначальному письму по прописи к «Азбуке» О. В. Джежелей (*автор Н. Г. Агаркова*).
9. Программа (Обучение грамоте. Литературное чтение) и методический комментарий. 1—4 классы.
10. Обучение грамоте. 1 класс. Иллюстрированная методика.
11. Уроки по «Азбуке» и «Учебнику по чтению в период обучения грамоте» О. В. Джежелей (*автор А. А. Емец*).
12. Чтение и литература. 1, 2, 3, 4 классы. Книги для учителя.

Чтение и литература. 3 кл. В 3 ч. Ч. 1 : учеб. / авт.-сост.
Ч-77 О. В. Джежелей. — 5-е изд., перераб. — М. : Дрофа, 2006. — 154, [6] с. : ил.

ISBN 5-358-01052-1 (ч. 1)
ISBN 5-358-01051-3

В первой части учебника представлена система формирования у учащихся аналитических и практических умений, позволяющая грамотно читать и осмыслять детские книги. Вторая и третья части учебника представляют собой курс литературных бесед по прочитанным произведениям.

Учебник рекомендован Министерством образования и науки Российской Федерации и включён в Федеральный перечень учебников.

УДК 373.167.1:82
ББК 83.8я71

ISBN 5-358-01052-1 (ч. 1)
ISBN 5-358-01051-3

И. А. Мазнин

ОДНО ИЗ САМЫХ ТРУДНЫХ ДЕЛ

Одно из самых трудных дел —
Не делать сразу двадцать дел,
А что ни час —
Уметь всё время
Иметь на всё
Свой час и время:
И на безделье, и на труд,
И на веселье пять минут.
И на потеху
Сладкий миг.
И долгий час на чтенье книг.

САМОСТОЯТЕЛЬНАЯ РАБОТА

Задание 1

Почему так говорят?

Испокон века книга растит человека.

Напрасный труд — удить без крючка и учиться без книги.

Задание 2

Скажи, зачем нужен долгий час на чтенье книг.

Задание 3

Прочитай фамилии писателей, назови имя и отчество.

Пушкин ...
Толстой Л. ...

Задание 4

Маяковский, Маршак, Михалков, Барто, Берестов, Заходер, Чуковский, Носов, Осеева, Пермяк, Голявкин, Зощенко, Пришвин, Бианки, Сладков, Шим, Андерсен, братья Гримм, Перро.

Кто из них автор стихов, рассказов, сказок?

Задание 5

Назови полное заглавие сказки

Пушкин А. С.
Сказка о царе Салтане...

Задание 6

Назови книгу, которую ты прочитал сам.

ФОЛЬКЛОР — УСТНОЕ НАРОДНОЕ ТВОРЧЕСТВО

Знакомимся, изучаем, выразительно читаем, играем

Фолькло́р — это произведения устного народного творчества.

Фольклор — слово английское и в переводе означает «народная мудрость»: folk — народ, люди, свет; lore — познание, учение, знание.

Произведения фольклора

Потешки
Пестушки
Песенки
Прибаутки
Заклички
Приговорки
Дразнилки
Игры
Скороговорки
Сечки
Небылицы-перевёртыши
Загадки

СКАЗИТЕЛИ

Г. А. Ладонщиков

МАТВЕЙ СУХАРИК

У нас в деревне
В кривой хибаре
Жил древний-древний
Матвей Сухарик.
Ходил согнувшись,
Был худ, как щепка,
Но на земле он
Держался крепко.
У нас любили
Его за шутки,
За сказки, были
И прибаутки.
Когда он брался
Вести рассказы,
Преображался
Весь как-то сразу.
Казался сразу
Стройней, моложе.
И что ни фраза —
Мороз по коже.
А то порою
Так разойдётся,
Что всё живое
Вокруг смеётся...
Давно скончался
Чудесник старый,
Давно не стало
Его хибары,
Но всё же
Сказки его и были
У нас в деревне
Не позабыли.

Сказитель — создатель и рассказчик сказок, былин и других произведений. Имена сказителей не всегда известны, но тех, кого помнят, почитают и ценят.

В подзаголовке к сказке «Аленький цветочек» С. Т. Аксаков отметил, от кого он её услышал. С 1856 года (момента выхода книги в свет) прошло... Сколько лет? Но читатели не забыли имя сказительницы. Возьми в библиотеке книгу и прочитай подзаголовок: Сказка ключницы Пелагеи. Запомни это имя.

ПРОИЗВЕДЕНИЯ УСТНОГО НАРОДНОГО ТВОРЧЕСТВА

Пословица — меткое образное выражение, которое обычно наставляет, поучает.

Поговорка — меткое образное выражение, которое не наставляет, не поучает, а сообщает.

Скороговорка — шуточная фраза, построенная так, что её трудно произносить.

Закличка — стихотворное обращение к явлениям природы (солнцу, дождю и пр.).

Приговорка — обращение к животным.

Игра — занятие для досуга, имеющее определённые правила.

Сказка календарная — сказка, в которой ведётся рассказ о том, как жить в согласии с природой.

Из этих произведений фольклора мы узнаём, как жили люди, чем занимались, как развлекались, что считали важным. Мы удивляемся искусству владения словом, умению создавать содержательное и занимательное произведение искусства.

Познакомься с подборкой фольклора.
Как её можно озаглавить? Различай, где песня, где сказка, а где закличка.
Готовься к беседе-рассуждению.

Весна красна цветами.
Лето — солнцем и грибами.
Осень — житом и снопами.
Зима — белыми снегами.

У Петровых у ворот
Вьётся, вьётся хоровод,
Вьётся, вьётся хоровод,
Собирается народ.
Из избы Пётр выходил,
Ребятишек выводил, —
Уж как ждать-пождать,
У ворот постоять,
Солнышко встречать,
Мороз прогонять.

Кулик-самород[1]
Идёт в огород,
Поёт, поёт,
Весну несёт.

Ласточка весну начинает, а соловей кончает

Курли, курли, курли,
Летят, летят журавли!
Курлы-си, курлы-си,
По Руси! По Руси!

---

[1] Самоpóд — *здесь:* первый.

Приметы весны везде видны. Дети выходят встречать весну:

— Весна-красна,
Ты с чем пришла?
— С сохой, бороной,
С лошадкой вороной;
С рожью зернистой,
С пшеницей золотистой;
С травой шелковою,
С водой ключевою,
С калиной-малиной,
С красной рябиной!

Дети выпускают на волю пойманных птиц, дают им своё напутствие:

Ти-ти-кирь,
Фти-фти.
Зуёк, ти-ли-ти́,
Гнездо вити́.

Приговаривают озорные, весёлые дразнилки:

Ворон, ворон,
Хвост обломан,
Хвост обломан,
Нос окован.

Дрозд, дрозд,
Прост, прост,
Кованый нос,
Железный хвост.

Конь мой — вся моя надежда

«Чню-чню, у-гу-гу!» — раздался клич пастуха, и впервые после зимы со всех дворов стали выгонять скотину:

Говорят, говорят, что весна:
Уточки на улочке — кря-кря-кря,
Козочки у лозочки[1] — мек-мек-мек,
Свиночки у осиночки — хрю-хрю-хрю,
Барашеньки в овраженьке — бе-бе-бе,
Коровочки на задворочке[2] — мук-мук-мук,
Коничкиу горочки — и-го-го!

Бегут, бегут со двора,
Гулять, гулять в луга:
Ку́рка-гарабу́рка — каки-каки,
Утка-поплавутка — бря́ки-кря́ки,
Гусь-водомусь — га́ги-ва́ги,
Индюк-хрипиндюк — шу́лды-бу́лды,
Свинка-толстоспинка — ча́хи-ря́хи,
Коза-дерибоза — ме́ке-бе́ке,
Баран-крутороган — чи́ки-бры́ки,
Корова-комола[3] — тпру́ки-му́ки,
Конь-брыконь — и́ги-ви́ги.

Корова на дворе — харч на столе.

Каков уход, таков скот.

---

[1] Ло́зочка (лоза) — прутик, хворостина.
[2] Задво́рочек — задний, скотный двор.
[3] Комо́лая (комо́ла) — безрогая.

Соха-матушка — тракторова бабушка

И ты, батюшка юг,
Иди к нам на луг,
Иди к нам на луг,
Ладить борону и плуг.

Заканчивается подготовка орудий к посевным работам.

Ребята помогают взрослым, а друг дружке загадки загадывают:

Железный нос
в землю врос,
роет, копает,
землю разрыхляет.

Деревянные рожки,
железные ножки,
шла, ковыляла,
спину гнуть
заставляла.

В поле едет на спине,
а по полю — на ногах.

Весенняя пора — поел и со двора

А вот на дворе солнышко пригревает, ручейки бегут, детвора пускает лодочки и кораблики:

Мелки ручейки,
Несите стружки[1]
С тихой воды
До великой реки.

[1] Стружо́к (струг) — речное судно.

Собрались в гурьбу и в лес:

— Ваньк!
— А.
— Повторь словцо «иду».
— Ну «иду».
— У тебя нос в меду!

«Эх, подловил, — подумал Ванька. — Ну ладно».

Вдруг неожиданно остановился и вскрикнул:

— Федя́сь, у тебя под ногами грязь!

Тот быстро посмотрел под ноги.

— Гы-ы-ы, — засмеялся Ванька, — не кланься, я тебе не князь!

Шутя и балагуря, остановились у молодых берёзок и запели.

Берёзовка с листа
Лейся густа,
Лейся густа,
Душиста, вкусна.

Выдолбили лунки в стволе, собрали берёзовый сок.

Вышли ребята из леса и затеяли игру. Выбрали вожака.

Конь ретивый
С длинной гривой
Скачет по полям
Тут и там.
Где проскачет он — выходи вон.

Прежде чем начать игру «Золотые ворота», дети нарисовали на земле маленький кружок и в центр воткнули ветку берёзы. Рядом с кружком выстроились парами друг за другом, взялись за руки и подняли их вверх, образовав «золотые ворота». Все запели:

Идёт матушка-весна,
Отворяй ворота.
Первый март прошёл,
Белый снег сошёл.

Один участник, оставшийся без пары, — «водящий» — пошёл в «золотые ворота» и ребром разъединил руки одной пары. Ребята, стоявшие в этой паре, побежали в разные стороны, к кружку. Первый, кто выдернул ветку, пошёл в «золотые ворота», а неудачник встал в пару с «водящим» впереди всех.

И март морозом на нос садится

А когда на дворе холодно, ребята в избу. Устроились на тёплой печке и стали в скороговорки играть. Кто повторил быстрее и правильнее, новую говорит.

Вавилу ветрило промокросквозило.

Берёзка коренистенькая,
По корню — кривоколистенькая,
Посерёдке — суковатенькая,
По вершинке — высококудреватенькая.

У нас на дворе, подворье
погода размокропогодилась.

Вёз Анос
Сеять овёс.
Посеял овёс.
Уродился овёс.
Пришёл Анос,
Скосил овёс,
Повязал овёс,
Смолотил овёс,
Повеял овёс,
До зерна Анос
Повыбрал овёс,
Увёз овса воз.

Встанешь в срок, посеешь в срок — будет урожай высок

Главное дело весной — сев.

Встань, Ванюша, на заре,
Белый день на дворе.
Встань, коню сена дай
И в плужочек запрягай.
Вспаши чёрную землицу,
Засей белую пшеницу,
И овёс, и ячмень —
Поработай целый день!

Глубже пахать — больше хлеба видать.

Хоть голодать, а добрым семенем засевать.

Рожь говорит: «Сей меня в золу да в пору!» Овёс говорит: «Топчи меня в грязь, так буду князь!»

Рожь две недели зеленится, две недели наливается, две недели подсыхает.

Лён две недели цветёт, четыре недели спеет, на седьмую семя летит.

Умел поработать, умей позабавиться

Во время полевых работ, в короткие минуты отдыха рассказывали сказки.

ДВА МУЖИКА

...Жили-были два мужика — богатый Федот и бедный Иван. Сидели они по дворам — Федот в богатом тереме с красным крыльцом, а Иван в старой ветхой хате.

Прилетела маленькая пчёлка к Федоту во двор и просит:

— Эй, Федот — богатый мужичок, прикорми меня медовой сыто́й[1], дай силу набрать до красного лета. Я тебе добром отплачу.

Отмахнулся Федот от пчёлки, велел со двора её гнать. Прилетела пчёлка к Ивану во двор и просит:

— Эй, Иван — бедный мужичок, прикорми меня, дай силу набрать до красного лета. Я тебе добром отплачу.

Пошёл Иван в торг[2], продал шапку, купил медовой сыты и прикормил пчёлку, прикормил и на волю отпустил. Пчёлка и говорит:

— За твою доброту, Иван, я помогу тебе богатый урожай вырастить.

Полетела пчёлка и запела:

У доброго мужика
Родись рожь хороша:
Колоском густа,
Соломкой пуста!

У скупого мужика
Родись рожь плоха:
Колоском пуста,
Соломкой густа!

Пришло время в поле пахать, боронить да засевать. Богатый Федот прибрался, пришёл на

---

[1] Сыта́ — медовый взвар на воде.
[2] Торг — базар, рынок.

своё поле, у него кони вороные, сохи дубовые, лемешики[1] булатные. Пришёл и мужиков нанятых подгоняет, скоро пахать заставляет. Вдруг загудело-забунчало — летит маленькая пчёлка, а за ней пчелиный рой. Стали пчёлы по полю летать да мужиков кусать. Все мужики разбежались. Пришлось Федоту кафтан снимать да самому землю пахать.

Прибрался и бедный Иван, надел ольховые лапти и в поле пошёл. Запряг лошадку, прицепил плуг и запахивать стал. Да вскоре устал, сел на межу отдохнуть. Вдруг пчела-пчёлынька востроносенькая, пчела серая, синекрыленькая, она по полю полётывала, к сырой земле припадывала, всё на пашенку, на Иванову часту борону. Села-посела лошади на голову. Испугалась лошадь и пошла, потащила плуг. Дивится Иван — лошадь сама пашет, так поле всё и перепахала.

Стал Иван засевать, зёрна в землю бросать, его рука счастливая, хлебородная. Засевал и Федот, да смеялся народ — воробьи зёрна клевали, а что ветер развеял.

Пришло время, и урожай возрос. Вырос у Ивана урожай богатый — рожь колоском густа, соломкой пуста. Вырос у Федота урожай плохой — рожь колоском пуста, соломкой густа. Пустился с того урожая Федот в разор, стал не тот.

А народ в селе Ивана величал, с праздничком поздравлял — с богатым урожаем!

---

[1] Леме́шик (ле́мех) — часть плуга.

После весенних работ отдыхает народ, ребята забавляются, песни поют, игры заводят, хороводы.

Нарежут черёмуховых прутиков, веток бузины, сделают свистульки и дудочки, наигрывают и подпевают:

Не зевай,
Затевай
Трепака!
Отбивай,
Не жалей
Башмака!

Ай да ты, ай да я,
Ай да барыня моя!
Барыня, барыня,
Попляши, сударыня!
Так, так, перетак,
И вот будет это так!

Хоровод водить — это не просто кругами ходить, это ещё петь, танцевать и устраивать настоящее действо о том, о чём поётся.

Где песня льётся, там легче живётся.

Без песен мир тесен.

С песней и труд спорится.

ПЕСНЯ

Уж я сеяла, сеяла ленок,
Я сеяла, приговаривала,
Чёботами[1] приколачивала.

Припев:

Ты удайся, удайся, ленок!
Ты удайся, мой беленький ленок!
Лён, мой лён! Белый лён!

Я полола-полола ленок,
Я полола, приговаривала,
Чёботами приколачивала.

Припев.

Уж я дёргала-дёргала ленок,
Я дёргала, приговаривала,
Чёботами приколачивала.

Припев.

Уж я стлала, я стлала ленок,
Уж я стлала, приговаривала,
Чёботами приколачивала.

Припев.

---

[1] Чёботы — сапоги или высокие башмаки с острыми носками кверху.

Я сушила-сушила ленок,
Я сушила, приговаривала,
Чёботами приколачивала.

Припев.

Уж я мяла-то, мяла ленок,
Уж я мяла, приговаривала,
Чёботами приколачивала.

Припев.

Я трепала-трепала ленок,
Я трепала, приговаривала,
Чёботами приколачивала.

Припев.

Я чесала-чесала ленок,
Я чесала, приговаривала,
Чёботами приколачивала.

Припев.

Уж я пряла-то, пряла ленок,
Уж я пряла, приговаривала,
Чёботами приколачивала.

Припев:

Ты удайся, удайся, ленок!
Ты удайся, мой беленький ленок!
Лён мой, лён! Белый лён!

БЕСЕДЫ О ПРОИЗВЕДЕНИЯХ И КНИГАХ

Беседа 1

1. Как можно озаглавить фольклорную подборку?

2. Выдели и прочитай поговорки и пословицы, скороговорки, заклички, игры, песни.

3. Какие ещё произведения фольклора есть в предложенной подборке? Назови, прочитай.

Беседа 2

1. Фольклор — мудрость народа. Какую народную мудрость ты постиг, читая произведения фольклора?

2. Какие сведения о временах года, о растениях и животных собраны в прочитанных произведениях?

3. Что ты узнал о крестьянском труде на земле? Какие правила работы, советы по хозяйству передаёт из поколения в поколение русский народ?

4. Легко ли разгадать загадки об орудиях труда далёких времён? Что помогает найти отгадку?

Беседа 3

1. Какие игры и забавы исстари распространены на Руси? Чему учат? Как забавляют?

2. Какие произведения учат правильно говорить, наблюдать, сравнивать?

3. А что учит понимать шутку, посмеяться над самим собой? Какие из забав интересны и полезны для современных ребят?

Беседа 4

1. Пословицы русского народа точно и ясно выражают отношение к правильной, красочной речи.

Сперва подумай, потом нам скажи.

Коротко да ясно, оттого и прекрасно.

Кому красное словцо, кому присказка.

Ласковое слово что весенний денёк.

Уяснил смысл пословиц? В каких произведениях, прочитанных тобой, заложены те же мысли?

2. Какие сравнения, подражания звукам природы ты нашёл в языке песенок, закличек, сказке? О чём они свидетельствуют? Как передают отношение говорящего к тому, о чём идёт рассказ?

3. Это правила для рассказчиков.

Острый язык — дарование, дурной — наказание.
Будешь следить за языком — он охранит тебя, распустишь — он тебя предаст.

Сказка-складка, послушать сладко.

Используя правила, расскажи сказку «Два мужика». Прежде чем говорить, подумай о смысле.

Беседа 5

1. Кто такие сказители? Что ты о них знаешь? Кого можешь назвать по имени? Почему народ чтит их память? Прочитай пословицы. Они помогут тебе ответить на поставленные вопросы.

Не имя красит человека, а человек имя.

Доброму — добрая память.

Добрая старина прибавит ума.

2. Помнят читатели и няню Александра Сергеевича Пушкина Арину Родионовну, которая знала много песен, сказок, небылиц. Поэт посвятил ей стихи «Няне», «Зимний вечер».

Открой книги с произведениями А. С. Пушкина, найди эти стихи, прочитай их в классе.

СОБИРАТЕЛИ ФОЛЬКЛОРА

А. Л. Барто

ПОСЛОВИЦА

К бабушке Савельевне
Мы в колхоз идём.
Утопает в зелени
Невысокий дом.

Нам шуметь не ве́лено,
Тихо входим в сад.
— Бабушка Савельевна,
Впу́стите ребят?

Бабушка Савельевна,
Верно или нет,
Что на той неделе вам
Минет двести лет?

Старые пословицы
Собирает класс,
Потому приходится
Беспокоить вас.

Засмеялась бабушка,
Шутит: — Ну и ну!
До двухсот, ребятушки,
Вряд ли дотяну.

Но скажу по совести —
Восемьдесят есть.
Вам нужны пословицы?
Что ж, прошу присесть! —

Говорит Савельевна:
— Где у вас тетрадь? —
Бабушка помедлила,
Стала вспоминать.

Двадцать две пословицы
Вспомнила подряд.
Двадцать две пословицы —
Это целый клад!

А всего собрал их класс
Чуть не полтораста.
Мы их держим про запас,
И они не в бровь, а в глаз
Попадают часто.

Ноет кто-то из ребят:
— Скучно, делать нечего. —
А ему кричит отряд:
— «Лежит лежень до вечера»!

Нынче в лагере кино,
Шурке нездоровится.
Говорит ему звено:
— Про тебя пословица:

«Заболели кости,
Так не думай в гости».

Суп дежурная сварила
Вместе с мухоморами.
Чуть беды не натворила!
Ей сказали хором:
— «Какова Аксинья,
Такова ботвинья».

Что ж, Савельевна права,
Помним мы её слова:
«Пословица
Ввек не сломится».

Бабушки и дедушки, взрослые и дети — все, кто знает народные игры и считалки, потешки и сказки, — являются хранителями фольклора.

Собиратели фольклора — люди, которые ходят и ездят по стране, слушают, записывают былины, песни, сказки, пословицы, скороговорки, обрабатывают их, совершенствуют, печатают в книжках. Потом мы их читаем.

Имена собирателей указываются в книгах: на титульном листе, в выходных данных, в прикнижной карточке, в предисловии, послесловии.

З-81 **Золотые** серпы: Русские народные сказки / Запись, обработка и коммент. Г. Науменко; рис. А. Владимирской. — 2-е изд. — М.: Дет. лит., 1985. — 32 с.: ил. — (Книга за книгой).

В книгу вошли русские народные календарные сказки.

Большинство произведений фольклора, которые ты прочитал в учебнике, собрал **Георгий Маркович Науменко** в Смоленской, Псковской, Горьковской (ныне Нижегородской), Костромской, Курской, Ивановской, Калужской областях России в 1965—1975 годах.

А. С. Пушкин (1799—1837)

В. И. Даль (1801—1872)

Александр Сергеевич Пушкин был собирателем фольклора. Он записал около 60 песен, а также многие сказки, пословицы и поговорки.

Даль В. И. Старик-годовик. Сказки, загадки, пословицы. **Даль В. И.** Лиса-лапотница. Сказка, скороговорки, пословицы, игра.

В этих книгах напечатаны произведения, собранные **Владимиром Ивановичем Далем.** Он собирал не только сказки, пословицы, но и слова. В. И. Даль записывал их 53 года, а потом составил «Толковый словарь живого великорусского языка» — четыре огромных тома, в которых уместилось около двухсот тысяч слов и объяснений к ним.

И теперь, когда в книгах встречаются некоторые непонятные слова, их объяснение мы можем найти только в словаре В. И. Даля.

Узнать о жизни замечательного собирателя фольклора, о его дружбе с А. С. Пушкиным тебе помогут предисловия к книгам В. И. Даля.

Советы собирателям фольклора

Собирание пословиц, поговорок, считалок, закличек — дело кропотливое. Произведение можно услышать в живой речи случайно, а можно специально расспросить близких людей, знакомых, попросить их вспомнить поговорки, загадки, считалки.

Все, что вы услышите, нужно записать и обязательно отметить.

1. **Когда** записано произведение?

2 мая 2006 года.

2. **Где** записано?

Село Поповка Курской области.

3. **Кто рассказчик**, сколько ему лет?

Реминёва Анна Петровна, 58 лет.

4. **Кто** записал?

Серёжа Астангов.

Все записи можно интересно оформить в коллективном альбоме-дневнике вашего класса.

САМОСТОЯТЕЛЬНАЯ РАБОТА

Не стыдно не знать, стыдно не учиться.

Задание 1

Прочитай, представь.

Плуг — сельскохозяйственное орудие с широким металлическим лемехом (диском) для вспашки земли.

Сохá — примитивное (очень простое) сельскохозяйственное орудие для вспашки земли, которое в отличие от плуга только отваливает землю, но не переворачивает.

Боронá — сельскохозяйственное орудие в виде рамы с зубьями для мелкого рыхления почвы.

Такие разъяснения дают **толковые словари** русского языка.

Перечитай загадки на с. 11. Теперь их легче отгадать?

Задание 2

Лáпоть —

Межá —

Кафтáн —

Найди эти слова в сказке «Два мужика». Разъясни значение слов, но прежде загляни в толковый словарь русского языка.

ЛИТЕРАТУРНЫЕ СКАЗКИ

Знакомимся, читаем-перечитываем, пересказываем, составляем план

Литературная сказка — произведение, созданное писателем. Фамилия автора всегда указывается на книге его сказок. Например: Б. В. Заходер «Сказки» или С. Я. Маршак «Сказки, песни, загадки».

Литературные сказки в прозе: Д. Н. Мамин-Сибиряк «Серая шейка», В. П. Катаев «Цветик-семицветик».

Литературные сказки в стихах: А. С. Пушкин «Сказка о рыбаке и рыбке», К. И. Чуковский «Айболит».

Иногда писатели заимствуют случаи из народных сказок, но пересказывают их по-иному.

СКАЗКИ ПОХОЖИЕ И РАЗНЫЕ

А. С. Пушкин

* * *

У лукоморья дуб зелёный;
Златая цепь на дубе том:
И днём и ночью кот учёный
Всё ходит по цепи кругом;
Идёт направо — песнь заводит,
Налево — сказку говорит.

Там чудеса: там леший бродит,
Русалка на ветвях сидит;
Там на неведомых дорожках
Следы невиданных зверей;
Избушка там на курьих ножках
Стоит без окон, без дверей;
Там лес и дол видений полны;
Там о заре прихлынут волны
На брег песчаный и пустой,
И тридцать витязей прекрасных
Чредой из вод выходят ясных,
И с ними дядька их морской;
Там королевич мимоходом
Пленяет грозного царя;
Там в облаках перед народом
Через леса, через моря
Колдун несёт богатыря;
В темнице там царевна тужит,
А бурый волк ей верно служит;

Там ступа с Бабою Ягой
Идёт, бредёт сама собой;
Там царь Кащей над златом чахнет;
Там русский дух... там Русью пахнет!
И там я был, и мёд я пил;
У моря видел дуб зелёный;
Под ним сидел, и кот учёный
Свои мне сказки говорил...

Этот пролог (вступление) А. С. Пушкин написал к поэме «Руслан и Людмила». Среди записей народных сказок и песен у Александра Сергеевича есть присказка, на основе которой он и создал этот пролог. Вот эта запись: «У моря лукоморья стоит дуб, а на том дубу золотые цепи, и по тем цепям ходит кот: вверх идёт — сказки сказывает, вниз идёт — песни поёт».

Писатели, создавая свои сказки, часто вводят в свои произведения услышанные пословицы, потешки, эпизоды и героев из народных сказок.

Сколько волшебных картин встаёт перед взором читателя пролога к поэме «Руслан и Людмила»? Назови, прочитай.
Какие народные и литературные сказки вспоминаешь, перечитывая отрывок?
Выучи стихотворение.

Читай, размышляй: встречались ли тебе подобные истории в других сказках.

С. Я. Маршак

ДВЕНАДЦАТЬ МЕСЯЦЕВ

Славянская[1] *сказка*

Знаешь ли ты, сколько месяцев в году?

Двенадцать.

А как их зовут?

Январь, февраль, март, апрель, май, июнь, июль, август, сентябрь, октябрь, ноябрь, декабрь.

Только окончится один месяц, сразу же начинается другой. И ни разу ещё не бывало так, чтобы февраль пришёл раньше, чем уйдёт январь, а май обогнал бы апрель. Месяцы идут один за другим и никогда не встречаются.

---

[1] Славя́не — группа родственных по происхождению народов: русские, украинцы, белорусы, поляки, чехи, словаки, сербы, болгары и другие.

Но люди рассказывают, будто в горной стране Богемии была девочка, которая видела все двенадцать месяцев сразу.

Как же это случилось? А вот как.

В одной маленькой деревушке жила злая и скупая женщина с дочкой и падчерицей. Дочку она любила, а падчерица ничем ей не могла угодить. Что ни сделает падчерица — всё не так, как ни повернётся — всё не в ту сторону.

Дочка по целым дням на перине валялась да пряники ела, а падчерице с утра до ночи и присесть некогда было: то воды натаскай, то хворосту из лесу привези, то бельё на речке выполощи, то грядки в огороде выполи.

Знала она и зимний холод, и летний зной, и весенний ветер, и осенний дождь. Потому-то, может, и довелось ей однажды увидеть все двенадцать месяцев разом.

Была зима. Шёл январь месяц. Снегу намело столько, что от дверей его приходилось отгребать лопатами, а в лесу на горе деревья стояли по пояс в сугробах и даже качаться не могли, когда на них налетал ветер. Люди сидели в домах и топили печки.

В такую-то пору, под вечер, злая мачеха приоткрыла дверь, поглядела, как метёт вьюга, а потом вернулась к тёплой печке и сказала падчерице:

— Сходила бы ты в лес да набрала там подснежников. Завтра сестрица твоя именинница.

Посмотрела на мачеху девочка: шутит она или вправду посылает её в лес? Страшно теперь в лесу! Да и какие среди зимы подснежники? Раньше марта месяца они и не появятся на свет, сколько их ни ищи. Только пропадёшь в лесу, увязнешь в сугробах.

А сестра говорит ей:

— Если и пропадёшь, так плакать о тебе никто не станет! Ступай да без цветов не возвращайся. Вот тебе корзинка.

Заплакала девочка, закуталась в рваный платок и вышла из дверей.

Ветер снегом ей глаза порошит, платок с неё рвёт. Идёт она, еле ноги из сугробов вытягивает.

Всё темнее становится кругом. Небо чёрное, ни одной звёздочкой на землю не глядит, а земля чуть посветлее. Это от снега.

Вот и лес. Тут уж совсем темно — рук своих не разглядишь. Села девочка на поваленное дерево и сидит. Всё равно, думает, где замерзать.

И вдруг далеко меж деревьев сверкнул огонёк — будто звезда среди ветвей запуталась.

Поднялась девочка и пошла на этот огонёк. Тонет в сугробах, через бурелом перелезает.

2—14606 Джежелей. 3 кл., ч. 1

«Только бы, — думает, — огонёк не погас!» А он не гаснет, он всё ярче горит. Уж и тёплым дымком запахло, и слышно стало, как потрескивает в огне хворост. Девочка прибавила шагу и вышла на полянку. Да так и замерла.

Светло на полянке, точно от солнца. Посреди полянки большой костёр горит, чуть ли не до самого неба достаёт. А вокруг костра сидят люди — кто поближе к огню, кто подальше. Сидят и тихо беседуют.

Смотрит на них девочка и думает: кто же они такие? На охотников будто не похожи, на дровосеков ещё того меньше: вон они какие нарядные — кто в серебре, кто в золоте, кто в зелёном бархате.

Стала она считать, насчитала двенадцать: трое старых, трое пожилых, трое молодых, а последние трое — совсем ещё мальчики.

Молодые у самого огня сидят, а старики — поодаль.

И вдруг обернулся один старик — самый высокий, бородатый, бровастый — и поглядел в ту сторону, где стояла девочка.

Испугалась она, хотела убежать, да поздно. Спрашивает её старик громко:

— Ты откуда пришла, чего тебе здесь нужно?

Девочка показала ему свою пустую корзинку и говорит:

— Нужно мне набрать в эту корзинку подснежников.

Засмеялся старик:

— Это в январе-то подснежников? Вон чего выдумала!

— Не я выдумала, — отвечает девочка, — а прислала меня сюда за подснежниками моя мачеха и не велела мне с пустой корзинкой домой возвращаться.

Тут все двенадцать поглядели на неё и стали между собой переговариваться.

Стоит девочка, слушает, а слов не понимает — будто это не люди разговаривают, а деревья шумят.

Поговорили они, поговорили и замолчали.

А высокий старик опять обернулся и спрашивает:

— Что же ты делать будешь, если не найдёшь подснежников? Ведь раньше марта месяца они и не выглянут.

— В лесу останусь, — говорит девочка. — Буду марта месяца ждать. Уж лучше мне в лесу замёрзнуть, чем домой без подснежников вернуться.

Сказала это и заплакала.

И вдруг один из двенадцати, самый молодой, весёлый, в шубке на одном плече, встал и подошёл к старику:

— Братец Январь, уступи мне на час своё место!

Погладил свою длинную бороду старик и говорит:

— Я бы уступил, да не бывать Марту прежде Февраля.

— Ладно уж, — проворчал другой старик, весь лохматый, с растрёпанной бородой. — Уступи, я спорить не стану! Мы все хорошо её знаем: то у проруби её встретишь с вёдрами, то в лесу с вязанкой дров. Всем месяцам она своя. Надо ей помочь.

— Ну, будь по-вашему, — сказал Январь.

Он стукнул о землю своим ледяным посохом и заговорил:

Не трещите, морозы,
В заповедном бору,
У сосны, у берёзы
Не грызите кору!
Полно вам воронье
Замораживать,
Человечье жильё
Выхолаживать!

Замолчал старик, и тихо стало в лесу. Перестали потрескивать от мороза деревья, а снег начал падать густо, большими, мягкими хлопьями.

— Ну, теперь твой черёд, братец, — сказал Январь и отдал посох меньшому брату, лохматому Февралю.

Тот стукнул посохом, мотнул бородой и загудел:

Ветры, бури, ураганы,
Дуйте что есть мочи!
Вихри, вьюги и бураны,
Разыграйтесь к ночи!

В облаках трубите громко,
Вейтесь над землёю.
Пусть бежит в полях позёмка
Белою змеёю!

Только он это сказал, как зашумел в ветвях бурный, мокрый ветер. Закружились снежные хлопья, понеслись по земле белые вихри.

А Февраль отдал свой ледяной посох младшему брату и сказал:

— Теперь твой черёд, братец Март.

Взял младший брат посох и ударил о землю.

Смотрит девочка, а это уже не посох. Это большая ветка, вся покрытая почками.

Усмехнулся Март и запел звонко, во весь свой мальчишеский голос:

Разбегайтесь, ручьи,
Растекайтесь, лужи,
Вылезайте, муравьи,
После зимней стужи!

Пробирается медведь
Сквозь лесной валежник.
Стали птицы песни петь,
И расцвёл подснежник.

Девочка даже руками всплеснула. Куда девались высокие сугробы? Где ледяные сосульки, что висели на каждой ветке?

Под ногами у неё — мягкая весенняя земля. Кругом каплет, течёт, журчит. Почки на ветвях надулись, и уже выглядывают из-под тёмной кожуры первые зелёные листики.

Глядит девочка — наглядеться не может.

— Что же ты стоишь? — говорит ей Март. — Торопись, нам с тобой всего один часок братья мои подарили.

Девочка очнулась и побежала в чащу подснежники искать. А их видимо-невидимо! Под кустами и под камнями, на кочках и под кочками — куда ни поглядишь. Набрала она полную корзину, полный передник — и скорее опять на полянку, где костёр горел, где двенадцать братьев сидели.

А там уже ни костра, ни братьев нет... Светло на поляне, да не по-прежнему. Не от огня свет, а от полного месяца, что взошёл над лесом.

Пожалела девочка, что поблагодарить ей некого, и побежала домой. А месяц за нею поплыл.

Не чуя под собой ног, добежала она до своих дверей — и только вошла в дом, как за окошками опять загудела зимняя вьюга, а месяц спрятался в тучи.

— Ну, что, — спросили её мачеха и сестра, — уже домой вернулась? А подснежники где?

Ничего не ответила девочка, только высыпала из передника на лавку подснежники и поставила рядом корзинку.

Мачеха и сестра так и ахнули:

— Да где же ты их взяла?

Рассказала им девочка всё, как было. Слушают они обе и головами качают — верят и не верят. Трудно поверить, да ведь вот на лавке целый ворох подснежников, свежих, голубеньких. Так и веет от них мартом месяцем!

Переглянулись мачеха с дочкой и спрашивают:

— А больше тебе ничего месяцы не дали?

— Да я больше ничего и не просила.

— Вот дура так дура! — говорит сестра. — В кои-то веки со всеми двенадцатью месяцами встретилась, а ничего, кроме подснежников, не выпросила! Ну, будь я на твоём месте, я бы знала, чего попросить. У одного — яблок да груш сладких, у другого — земляники спелой, у третьего — грибов беленьких, у четвёртого — свежих огурчиков!

— Умница, доченька! — говорит мачеха. — Зимой землянике да грушам цены нет. Продали бы мы это и сколько бы денег выручили! А эта дурочка подснежников натаскала! Одевайся, дочка, потеплее да сходи на полянку. Уж тебя они не проведут, хоть их двенадцать, а ты одна.

— Где им! — отвечает дочка, а сама — руки в рукава, платок на голову.

Мать ей вслед кричит:

— Рукавички надень, шубку застегни!

А дочка уже за дверью. Убежала в лес!

Идёт по сестриным следам, торопится. «Скорее бы, — думает, — до полянки добраться!» Лес всё гуще, всё темней. Сугробы всё выше, бурелом стеной стоит.

«Ох, — думает мачехина дочка, — и зачем только я в лес пошла! Лежала бы сейчас дома в тёплой постели, а теперь ходи да мёрзни! Ещё пропадёшь тут!»

И только она это подумала, как увидела вдалеке огонёк — точно звёздочка в ветвях запуталась.

Пошла она на огонёк. Шла, шла и вышла на полянку. Посреди полянки большой костёр горит, а вокруг костра сидят двенадцать братьев, двенадцать месяцев. Сидят и тихо беседуют.

Подошла мачехина дочка к самому костру, не поклонилась, приветливого слова не сказала, а выбрала место, где пожарче, и стала греться.

Замолчали братья-месяцы. Тихо стало в лесу. И вдруг стукнул Январь-месяц посохом о землю.

— Ты кто такая? — спрашивает. — Откуда взялась?

— Из дому, — отвечает мачехина дочка. — Вы нынче моей сестре целую корзинку подснежников дали. Вот я и пришла по её следам.

— Сестру твою мы знаем, — говорит Январь-месяц, — а тебя и в глаза не видали. Ты зачем к нам пожаловала?

— За подарками. Пусть Июнь-месяц мне земляники в корзинку насыплет, да покрупней. А Июль-месяц — огурцов свежих и грибов белых, а месяц Август — яблок да груш сладких. А Сентябрь-месяц — орехов спелых. А Октябрь...

— Погоди, — говорит Январь-месяц. — Не бывать лету перед весной, а весне перед зимой. Далеко ещё до июня месяца. Я теперь лесу хозяин, тридцать один день здесь царствовать буду.

— Ишь, какой сердитый! — говорит мачехина дочка. — Да я не к тебе и пришла — от тебя, кроме снега да инея, ничего не дождёшься. Мне летних месяцев надо.

Нахмурился Январь-месяц.

— Ищи лета зимой! — говорит.

Махнул он широким рукавом, и поднялась в лесу метель от земли до неба — заволокла и деревья и полянку, на которой братья-месяцы сидели. Не видно стало за снегом и костра, а только слышно было, как свистит где-то огонь, потрескивает, полыхает.

Испугалась мачехина дочка.

— Перестань! — кричит. — Хватит!

Да где там!

Кружит её метель, глаза ей слепит, дух перехватывает. Свалилась она в сугроб, и замело её снегом.

А мачеха ждала-ждала свою дочку, в окошко смотрела, за дверь выбегала — нет её, да и только. Закуталась она потеплее и пошла в лес. Да разве найдёшь кого-нибудь в чаще в такую метель и темень!

Ходила она, ходила, искала-искала, пока и сама не замёрзла.

Так и остались они обе в лесу лета ждать.

А падчерица долго на свете жила, большая выросла, замуж вышла и детей вырастила.

И был у неё, рассказывают, около дома сад — да такой чудесный, какого и свет не видывал. Раньше, чем у всех, расцветали в этом саду цветы, поспевали ягоды, наливались яблоки и груши. В жару было там прохладно, в метель тихо.

— У этой хозяйки все двенадцать месяцев разом гостят! — говорили люди.

Кто знает — может, так оно и было.

БЕСЕДЫ О ПРОИЗВЕДЕНИЯХ И КНИГАХ

Беседа 1

1. Впервые сказку Самуила Яковлевича Маршака ребята прочитали в 1943 году, и называлась она «Новогодняя сказка».

Какую русскую народную сказку вспоминаешь, читая сказку С. Я. Маршака?

2. Похожа ли литературная сказка по построению на народную? Есть ли присказка, зачин, повторы, концовка? Рассуждая и доказывая, перечитывай текст. Прочитывай отрывок, эпизод, чтобы подтвердить свои ответы.

3. Для того чтобы продолжить разговор о литературной сказке и её особенностях, прочитай дома русскую народную сказку «Морозко» в пересказе Алексея Николаевича Толстого.

Беседа 2

1. Сказки одинаковые и разные. Чем похожи и чем отличаются сказки литературная и народная?

Отвечай на вопросы, рассуждай, ссылайся на текст сказки, прочитывай выбранный эпизод.

- Различаются ли начало и конец сказок? Обрати внимание на содержание и построение.
- Какие события происходили в каждой сказке? Что общего, что различного? Просмотри сказки, отметь все эпизоды-события. Сколько их?
- Перечисли тех, о ком рассказывает каждая сказка, назови их имена-прозвища.
- Как рассказывает каждая сказка о семьях, где жили девочки-падчерицы, героини сказок? Как характеризует сказка каждого члена семьи? Чем схожи героини, чем отличается их жизнь?
- Что побудило женщин отправить в лес падчериц?

· Как повели себя девочки? Что испытали в пути? Почему так, а не иначе закончилась их встреча с волшебниками?

· Что побудило матерей отправить дочерей в зимний лес? Прочитай эти эпизоды в каждой сказке.

· Как повели себя девочки, как переносили трудности? Чем закончилась их встреча с волшебниками?

2. Каков урок каждой сказки, где он заключён, в каких эпизодах, словах? Понятно, что роднит и что различает сказки?

3. Перечитай дома сказку С. Я. Маршака и подготовься к следующей беседе.

Беседа 3

1. Как ты думаешь, почему сказку С. Я. Маршака называют поэтической, наполненной чувствами доброты и справедливости? Раздумывая, перечитайте с друзьями зачин, описания природы, мыслей, чувств падчерицы, концовку.

2. Прочитайте в лицах встречу падчерицы с волшебниками. Передайте характер каждого брата. Они различаются и видом и характером.

С. Я. Маршак создал одноимённую пьесу. Прочитай её, сопоставь пьесу и прозаическую сказку.

МОРОЗКО

Русская народная сказка
в пересказе А. Н. Толстого

Живало-бывало, — жил дед да с другой женой. У деда была дочка, и у бабы была дочка.

Все знают, как за мачехой жить: перевернёшься — бита и недовернёшься — бита. А родная дочь что ни сделает — за всё гладят по головке: умница.

Падчерица и скотину поила-кормила, дрова и воду в избу носила, печь топила, избу мела — ещё до свету... Ничем старухе не угодишь — всё не так, всё худо.

Ветер хоть пошумит, да затихнет, а старая баба расходится — не скоро уймётся. Вот мачеха и придумала падчерицу со свету сжить.

— Вези, вези её, старик, — говорит мужу, — куда хочешь, чтобы мои глаза её не видали! Вези её в лес, на трескучий мороз.

Старик затужил, заплакал, однако делать нечего, бабы не переспоришь. Запряг лошадь:

— Садись, мила дочь, в сани.

Повёз бездомную в лес, свалил в сугроб под большую ель и уехал.

Девушка сидит под елью, дрожит, озноб её пробирает. Вдруг слышит — невдалеке Морозко по ёлкам потрескивает, с ёлки на ёлку поскакивает, пощёлкивает. Очутился на той ели, под которой девица сидит, и сверху её спрашивает:

— Тепло ли тебе, де́вица?

— Тепло, Морозушко, тепло, батюшка.

Морозко стал ниже спускаться, сильнее потрескивает, пощёлкивает:

— Тепло ли тебе, де́вица? Тепло ли тебе, красная?

Она чуть дух переводит:

— Тепло, Морозушко, тепло, батюшка.

Морозко ещё ниже спустился, пуще затрещал, сильнее защёлкал:

— Тепло ли тебе, де́вица? Тепло ли тебе, красная? Тепло ли тебе, лапушка?

Девица окостеневать стала, чуть-чуть языком шевелит:

— Ой, тепло, голубчик Морозушко!

Тут Морозко сжалился над девицей, окутал её тёплыми шубами, отогрел пуховыми одеялами.

А мачеха по ней уж поминки справляет, печёт блины и кричит мужу:

— Ступай, старый хрыч, вези свою дочь хоронить!

Поехал старик в лес, доезжает до того места — под большою елью сидит его дочь, весёлая, румяная, в собольей шубе, вся в золоте, в серебре, и около — короб с богатыми подарками.

Старик обрадовался, положил всё добро в сани, посадил дочь, повёз домой.

А дома старуха печёт блины, а собачка под столом:

— Тяф, тяф! Старикову дочь в злате, в серебре везут, а старухину замуж не берут.

Старуха бросит ей блин:

— Не так тявкаешь! Говори: «Старухину дочь замуж берут, а стариковой дочери косточки везут...»

Собака съест блин и опять:

— Тяф, тяф! Старикову дочь в злате, в серебре везут, а старухину замуж не берут.

Старуха и блины ей кидала, и била её, собачка — всё своё...

Вдруг заскрипели ворота, отворилась дверь, в избу идёт падчерица — в злате-серебре, так и сияет. А за ней несут короб высокий, тяжёлый. Старуха глянула — и руки врозь...

— Запрягай, старый хрыч, другую лошадь! Вези, вези мою дочь в лес да посади на то же место...

Старик посадил старухину дочь в сани, повёз её в лес на то же место, вывалил в сугроб под высокой елью и уехал.

Старухина дочь сидит, зубами стучит.

А Морозко по лесу потрескивает, с ёлки на ёлку поскакивает, пощёлкивает, на старухину дочь поглядывает:

— Тепло ли тебе, девица?

А она ему:

— Ой, студёно! Не скрипи, не трещи, Морозко...

Морозко стал ниже спускаться, пуще потрескивать, пощёлкивать.

— Тепло ли тебе, девица? Тепло ли тебе, красная?

— Ой, руки, ноги отмёрзли! Уйди, Морозко...

Ещё ниже спустился Морозко, сильнее приударил, затрещал, защёлкал:

— Тепло ли тебе, девица? Тепло ли тебе, красная?

— Ой, совсем застудил! Сгинь, пропади, проклятый Морозко!

Рассердился Морозко да так хватил, что старухина дочь окостенела.

Чуть свет старуха посылает мужа:

— Запрягай скорее, старый хрыч, поезжай за дочерью, привези её в злате-серебре...

Старик уехал. А собачка под столом:

— Тяф, тяф! Старикову дочь женихи возьмут, а старухиной дочери в мешке косточки везут.

Старуха кинула ей пирог:

— Не так тявкаешь! Скажи: «Старухину дочь в злате-серебре везут...»

А собачка — всё своё:

— Тяф, тяф! Старухиной дочери в мешке косточки везут...

Заскрипели ворота, старуха кинулась встречать дочь. Рогожу отвернула, а дочь лежит в санях мёртвая.

Заголосила старуха, да поздно.

ЧИТАЕМ И ПЕРЕСКАЗЫВАЕМ

Прочитай, припомни.

...Снова сказкой позабавим
Православных христиан,
Что наделал наш Иван,
Находясь во службе царской,
При конюшне государской;
Как в суседки[1] он попал,
Как перо своё проспал,
Как хитро́ поймал Жар-птицу,
Как похитил Царь-девицу,
Как он ездил за кольцом,
Как был на небе послом,
Как он в солнцевом селенье
Киту выпросил прощенье;
Как к числу других затей
Спас он тридцать кораблей;
Как в котлах он не сварился,
Как красавцем учинился;
Словом: наша речь о том,
Как он сделался царём...

Какая сказка так о себе рассказывает?

[1] Суседка — домовой (сибирское название).

Весёлую сказку «Конёк-горбунок» о приключениях крестьянского сына Ивана, о глупом царе и о волшебном коньке-горбунке написал Пётр Павлович Ершов.

П. П. Ершов родился в 1815 году в деревне Безруковой близ города Ишима. Вся жизнь его прошла в Сибири. С детских лет ему пришлось много ездить по родному краю. Ершов хорошо знал Сибирь и преданно её любил. С детства он слышал много сказок и много знал сам.

Петру Павловичу было семнадцать лет, когда, окончив тобольскую гимназию, он приехал учиться в Петербургский университет. Своего «Конька-горбунка» он задумал написать под впечатлением появившихся в то время сказок А. С. Пушкина. «Конёк-горбунок» был напечатан в 1834 году. Петру Павловичу было тогда девятнадцать лет. Талантливый студент сразу стал известным писателем. Он познакомился с А. С. Пушкиным, другими писателями. Окончив университет, П. П. Ершов вернулся в родной Тобольск. Несколько лет он работал учителем, а затем директором тобольской гимназии. Он оставил добрую память о себе у своих учеников.

Сколько лет живёт «Конёк-горбунок», сказка, которую читают дети и взрослые?

Прочитай сказку П. П. Ершова самостоятельно. Понравившиеся эпизоды прочитай в классе вслух. Замечай пословицы, поговорки, прибаутки, вспоминай русские народные сказки, похожие на отдельные эпизоды.

Попробуй интересно рассказать о сказочнике и его сказке. Тебе помогут предисловия и послесловия к его книге.

Пересказ — изложение своими словами услышанного или прочитанного.

Есть разные виды пересказов.

Можно пересказывать почти дословно. Так сказывают сказки. Это **полный пересказ.**

Пересказ бывает и **короткий,** или **краткий.** Рассказчик передаёт основное содержание того, что услышал или прочитал.

Часто на уроке вы пользуетесь **выборочным пересказом.** Тогда вы пересказываете часть или отрывок произведения.

Иногда содержание передают, перечисляя главные вопросы или эпизоды, и дают оценку их или произведения. Такой пересказ называется **аннотация.**

Пересказ-аннотация

Бажов П. П. Серебряное копытце.

Жил-был одинокий старик Кокованя, весёлый и ласковый. О нём рассказал уральский писатель Павел Петрович Бажов. Летом Кокованя золото добывал, а зимой по лесу с ружьём ходил. Хотелось ему увидеть козла с серебряным копытцем, но всё не удавалось.

Приютил старик маленькую сиротку Дарёнку да звонкую кошку Мурёнку. Тут и козёл появился. Одарил он старика и сиротку. Только вот после этого пропала кошка. А там, где козёл скакал, люди стали находить зелёные камешки, хризолиты называются. Видали?

Горький М. Случай с Евсейкой.

Жил на свете хороший мальчик Евсейка. Раз ловил он рыбу, задремал и упал в воду.

На речном дне встретил он разных обитателей вод. Сначала Евсейка испугался, но, послушав разговоры рыб и рыбёшек, взял себя в руки и смог вернуться на берег. Вот только удочка уплыла далеко в море.

Во всём ли верен пересказ сказки Максима Горького? Реши сам. Читай сказку.

М. Горький

СЛУЧАЙ С ЕВСЕЙКОЙ

Однажды маленький мальчик Евсейка — очень хороший человек! — сидя на берегу моря, удил рыбу. Это очень скучное дело, если рыба, капризничая, не клюёт. А день был жаркий, стал Евсейка, со скуки, дремать и — бултых! — свалился в воду.

Свалился, но ничего, не испугался и плывёт тихонько, потом нырнул и тотчас достиг морского дна.

Сел на камень, мягко покрытый рыжими водорослями, смотрит вокруг — очень хорошо!

Ползёт, не торопясь, алая морская звезда, солидно ходят по камням усатые лангусты, боком-боком двигается краб; везде на камнях, точно крупные вишни, рассеяны актинии, и всюду множество всяких любопытных штук: вот цветут, качаются морские лилии, мелькают, точно мухи, быстрые креветки, вот тащится морская черепаха, а под её тяжёлым щитом играют две маленькие зелёные рыбёшки, совсем как бабочки в воздухе, а вот по белым камням везёт свою раковину рак-отшельник. Евсейка, глядя на него, даже стихи вспомнил:

Дом — не тележка у дядюшки Якова...

И вдруг слышит, над головою у него точно кларнет запищал:

— Вы кто такой?

Смотрит, над головою у него огромнейшая рыба в сизо-серебряной чешуе, выпучила глаза и, оскалив зубы, приятно улыбается, точно её уже зажарили и она лежит на блюде среди стола.

— Это вы говорите? — спросил Евсейка.

— Я-а...

Удивился Евсейка и сердито спрашивает:

— Как же это вы? Ведь рыбы не говорят!

А сам думает:

«Вот так раз! Немецкий я вовсе не понимаю, а рыбий язык сразу понял! Ух, какой молодчина!»

И, приосанясь, оглядывается: плавает вокруг него разноцветная игривая рыбёшка и — смеётся, разговаривает:

— Глядите-ка! Вот чудище приплыло: два хвоста!

— А чешуи — нет, фи!

— И плавников только два!

Некоторые, побойчее, подплывают прямо к носу и дразнятся:

— Хорош, хорош!

Евсейка обиделся:

— Вот нахалки! Будто не понимают, что перед ними настоящий человек...

И хочет поймать их, а они, уплывая из-под рук, резвятся, толкают друг друга носами в бока и поют хором, дразня большого рака:

Под камнями рак живёт,
Рыбий хвостик рак жуёт,
Рыбий хвостик очень сух,
Рак не знает вкуса мух.

А он, свирепо шевеля усами, ворчит, вытягивая клешни:

— Попадитесь-ка мне, я вам отстригу языки-то!

«Серьёзный какой», — подумал Евсейка.

Большая же рыба пристаёт к нему:

— Откуда это вы взяли, что все рыбы — немые?

— Папа сказал.

— Что такое — папа?

— Так себе... Вроде меня, только — побольше и усы у него. Если не сердится, то — очень милый...

— А он рыбу ест?

Тут Евсейка испугался: скажи-ка ей, что ест!

Поднял глаза вверх, видит сквозь воду мутно-зелёное небо и солнце в нём, жёлтое, как медный поднос; подумал мальчик и сказал неправду:

— Нет, он не ест рыбу, костлявая очень...

— Однако — какое невежество! — обиженно вскричала рыба. — Не все же мы костлявые! Например — моё семейство...

«Надо переменить разговор», — сообразил Евсей и вежливо спрашивает:

— Вы бывали у нас наверху?

— Очень нужно! — сердито фыркнула рыба. — Там дышать нечем...

— Зато — мухи какие...

Рыба оплыла вокруг него, остановилась прямо против носа, да вдруг и говорит:

— Мухи? А вы зачем сюда приплыли?

«Ну, начинается! — подумал Евсейка. — Съест она меня, дура...» И, будто бы беззаботно, ответил:

— Так себе, гуляю...

— Гм! — снова фыркнула рыба. — А может быть, вы — уже утопленник?

— Вот ещё! — обиженно крикнул мальчик. — Нисколько даже! Я вот сейчас встану и...

Попробовал встать, а — не может: точно его тяжёлым одеялом окутали — ни поворотиться, ни пошевелиться!

«Сейчас я начну плакать», — подумал он, но тотчас же сообразил, что плачь не плачь — в воде слёз не видно, и решил, что не стоит плакать, — может быть, как-нибудь иначе удастся вывернуться из этой неприятной истории.

А вокруг — Господи! — собралось разных морских жителей — числа нет! На ногу взбирается голотурия, похожая на плохо нарисованного поросёнка, и шипит:

— Желаю с вами познакомиться поближе...

Дрожит перед носом морской пузырь, дуется, пыхтит, — укоряет Евсейку:

— Хорошо! хорошо! Ни рак, ни рыба, ни моллюск, ай-я-яй!

— Погодите, я, может, ещё авиатором буду, — говорит ему Евсей, а на колени его влез лангуст и, ворочая глазами на ниточках, вежливо спрашивает:

— Позвольте узнать, который час?

Проплыла мимо сепия, совсем как мокрый носовой платок; везде мелькают сифонофоры, точно стеклянные шарики, одно ухо щекочет креветка, другое — тоже щупает кто-то любопытный, даже по голове путешествуют маленькие рачки, — запутались в волосах и дёргают их.

— Ой, ой, ой! — воскликнул про себя Евсейка, стараясь смотреть на всё беззаботно и ласково, как папа, когда он виноват, а мама сердится на него.

А вокруг в воде повисли рыбы, — множество! — поводят тихонько плавниками и, вытаращив на мальчика круглые глаза, скучные, как алгебра, бормочут:

Как он может жить на свете
без усов и чешуи?
Мы бы, рыбы, не могли бы
раздвоить хвосты свои!
Не похож он ни на рака, ни на нас —
весьма во многом.
Не родня ли это чудо безобразным
осьминогам?

«Дуры! — обиженно думает Евсейка. — У меня по русскому языку в прошлом году две четвёрки было...»

И делает такой вид, будто он ничего не слышит, даже хотел беззаботно посвистеть, но — оказалось — нельзя: вода лезет в рот, точно пробка.

А болтливая рыба всё спрашивает его:

— Нравится вам у нас?

— Нет... то есть — да, нравится... У меня дома тоже очень хорошо! — ответил Евсей и снова испугался:

«Батюшки, что я говорю?! Вдруг она рассердится, и начнут они меня есть...»

Но вслух говорит:

— Давайте как-нибудь играть, а то мне несколько скучно...

Это очень понравилось болтливой рыбе, она засмеялась, открыв круглый рот так, что стали видны розовые жабры, виляет хвостом, блестит острыми зубами и старушечьим голосом кричит:

— Это хорошо — поиграть! Это очень хорошо — поиграть!

— Поплывёмте наверх! — предложил Евсей.

— Зачем? — спросила рыба.

— А вниз уже нельзя ведь! И там, наверху, — мухи.

— Мух-хи! Вы их любите?..

Евсей любил только маму, папу и мороженое, но ответил:

— Да...

— Ну что ж? Поплывём! — сказала рыба, перевернувшись головой вверх, а Евсей тотчас цоп её за жабры и кричит:

— Я — готов!

— Стойте! Вы, чудовище, слишком засунули свои лапы в жабры мне...

— Ничего!

— Как это — ничего? Порядочная рыба не может жить, не дыша.

— Господи! — вскричал мальчик. — Ну что вы спорите всё? Играть так играть...

А сам думает: «Лишь бы только она меня немножко подтащила наверх, а там уж я вынырну».

Поплыла рыба, будто танцуя, и поёт во всю мочь:

Плавниками трепеща,
И зубаста и тоща,
Пищи на обед ища,
Ходит щука вкруг леща!..

Маленькие рыбёшки кружатся и хором орут:

Вот так штука!
Тщетно тщится щука
Ущемить леща!
Вот так это — штука!

Плыли-плыли, чем выше — тем всё быстрее и легче, и вдруг Евсейка почувствовал, что голова его выскочила на воздух:

— Ой!

Смотрит — ясный день, солнце играет на воде, зелёная вода заплёскивает на берег, шумит, поёт, Евсейкино удилище плавает в море, далеко от берега, а сам он сидит на том же камне, с которого свалился, и уже — весь сухой!

— Ух, — сказал он, улыбаясь солнцу, — вот я и вынырнул!

БЕСЕДА О ПРОИЗВЕДЕНИЯХ И КНИГАХ

1. Можно ли утверждать, что сказка М. Горького добрая, забавная, умная?

2. Перечитай песни рыб и рыбёшек. Похожи ли они на скороговорки?

3. Мальчик Евсейка — герой сказки. Кратко охарактеризуй его — расскажи, каков он.

4. Сколько эпизодов в сказке? Прочитай концовку. Что она подсказала тебе о сказке и о мальчике?

5. Познакомься с порядком составления аннотации-рекомендации.

План составления аннотации

1. Прочитай сказку. О чём рассказывает сказка?
2. Какова она по характеру: героическая, приключенческая, добрая, забавная, поучительная?..
3. Кто главный герой и каков он?
4. Вспомни и назови основные эпизоды-события.
5. Что ты можешь сказать о рассказчике-писателе?
6. Сделай вывод, дай рекомендацию.

6. Так ли составлена аннотация к сказке М. Горького «Случай с Евсейкой»?

7. Составь более полный пересказ-аннотацию.

ПЛАН КНИГИ, ПРОИЗВЕДЕНИЯ

План — это изложение содержания в виде предложений, высказываний или перечня названий. Если книга — сборник, то её план дан в **содержании** в виде перечня входящих в неё произведений.

Десять сказок. Сказки советских писателей.

СОДЕРЖАНИЕ

Что ты узнал о книге, познакомившись с её **планом-содержанием**? Составь рассказ о сборнике «Десять сказок» — о книге, которую ты не читал.

План-содержание или оглавление ты можешь найти в конце каждого учебника.

Познакомься с содержанием учебника, который ты держишь в руках. О чём рассказывает третьеклассникам эта учебная книга?

Сколько в ней разделов?

С какими произведениями учебник знакомит читателя? Из книг каких писателей здесь помещены рассказы, сказки, стихотворения? Есть ли в оглавлении новые для тебя имена писателей?

Если книга — одно целое произведение, то её план — главы или части сказки, повести, романа. В **оглавлении** указывают и названия глав.

Носов Н. Н. Приключения Незнайки и его друзей. Роман-сказка.

ОГЛАВЛЕНИЕ

Что рассказало тебе название книги?
О чём ты узнал, познакомившись с оглавлением?
Стали тебе известны герои книги, события?
Возьми книгу Н. Н. Носова в библиотеке. Познакомься с оглавлением и составь рассказ о содержании сказки, которую ты не читал.
Прочитай сказку.

САМОСТОЯТЕЛЬНАЯ РАБОТА

Задание 1

Прочитай. Узнай, назови сказку.

«Когда я был маленький — очень, очень давно, — я читал одну книжку, она называлась «Пиноккио, или Похождения деревянной куклы» (деревянная кукла по-итальянски *буратино*).

Я часто рассказывал моим товарищам, девочкам и мальчикам, занимательные приключения Буратино. Но так как книжка потерялась, то я рассказывал каждый раз по-разному, выдумывал такие похождения, каких в книге совсем не было.

Теперь, через много-много лет, я припомнил моего старого друга Буратино и надумал рассказать вам, девочки и мальчики, необычайную историю про этого деревянного человечка».

А. Н. Толстой. 1936 год

Задание 2

1. Назови имя и отчество сказочника, свободно пересказавшего итальянскую книжку.

2. Автор дважды пересказал сказку. Коротко для малышей, более подробно — для ребят постарше.

3. Какое название носит каждый пересказ?

4. Дома прочитай полный вариант сказки.

5. Подготовься к конкурсу на лучшее знание сказки. Ответь на вопросы.

- Какие события предшествовали появлению Буратино?
- Перечисли события, случаи и происшествия, которые произошли до встречи Буратино с Карабасом Барабасом.

3—14606 Джежелей, 3 кл., ч. 1

Задание 3
Реши задачу.

Задание 4
Подготовь вопросы задачи по сказкам К. Коллоди и А. Н. Толстого.

Задание 5
Организуйте в классе игру-викторину.

Приготовьте призы Буратино, Мальвины, Артемона, Пьеро и папы Карло. А какие это призы? Фантазируйте, мастерите.

Задача для любознательных «Два деревянных мальчугана»

Италья́нский литератор Ка́рло Лоренци́ни, писавший под псевдонимом[1] Колло́ди, в 1883 году опубликовал весёлую, озорную

[1] Псевдони́м — вымышленное имя или фамилия.

сказку «Приключения Пино́ккио. История марионетки[1]».

Забавные проделки лентяя, упрямца и лгунишки Пиноккио завершаются превращением его в живого мальчика.

Сравни оглавления книг про Пиноккио и Буратино.

Найди отличия в содержании историй.

К. КОЛЛОДИ

ПРИКЛЮЧЕНИЯ ПИНОККИО

ОГЛАВЛЕНИЕ

[1] Марионе́тка — театральная кукла, управляемая сверху с помощью нитей.

Это только часть истории. Сказка про Пиноккио состоит из 36 глав.

А в сказке о Буратино сколько глав? В чём схожи и чем различаются сказки? Проверь себя, прочитай обе истории.

А. Н. ТОЛСТОЙ

. . . .

ОГЛАВЛЕНИЕ,
или
ПРОГРАММА ВЫСТУПЛЕНИЙ

СОСТАВЛЯЕМ ПЛАН ПРОИЗВЕДЕНИЯ

И. Ф. Панькин

ОТКУДА У МОРЯКОВ ВЗЯЛАСЬ СИЛА

Легенда

Мой дорогой мальчик! Ты, наверное, уже много сказочного узнал о нашей жизни. Но знаешь ли ты, откуда у моряков взялась сила? Не знаешь? Тогда послушай.

Когда-то очень давно на побережье Чёрного моря жили люди. Как их звали, сейчас уж не помню. Они пахали землю, пасли скот и охотились на диких зверей. Осенью, когда заканчивались полевые работы, люди выходили на берег моря и устраивали весёлые праздники: пели, плясали у огромных костров, проводили игры, которые заканчивались метанием стрел — стрел счастья.

Если юноша хотел стать охотником, он пускал стрелу в сторону леса, если пастухом — стрелял в сторону стада, а если пахарем — в сторону поля.

Смотреть на эти игры выходил из морской пучины царь морей и океанов — Нептун. Это очень страшный царь, глаза у него большие, белые, как пузыри, борода зелёная — из водорослей, а тело сине-зелёное, под цвет моря. Каждый раз, глядя на игры, он, смеясь, говорил:

— Как люди ни хвастаются своей силой, а меня боятся: никто из них ещё не решился пустить стрелу в сторону моих владений.

Говорил он так потому, что был уверен: никто не посмеет испытать своё счастье на море.

Один раз вышли к костру юноши. Они вдруг повернулись в сторону моря и все, как один, пустили стрелы туда.

В какую ярость пришёл Нептун!

— Я всех вас похороню в пучине морской! — взревел он.

Женщины, глядя на своих сыновей, задумались: царь морской действительно может похоронить их детей в море.

Гордостью тех людей, о которых рассказываю я, всегда были женщины — сильные, красивые, никогда не стареющие.

Думали, думали женщины и решили отдать всю свою силу сыновьям. Юноши, взяв материнскую силу, подошли к самому берегу моря. Чтобы не подпустить их к воде, Нептун бросил громадный вал, но юноши устояли, не согнулись и не побежали назад. Зато матери после этого стали слабыми.

Ты видел, мой мальчик, слабых женщин? Если ещё когда-нибудь встретишь, то не смейся над ними: эти женщины всю свою силу отдали таким же детям, как ты.

И вот слушай дальше.

Когда Нептун увидел, что юноши выдержали натиск тяжёлого вала, он дико засмеялся и злобно закричал женщинам:

— Пусть ваши сыновья устояли против моей силы здесь, на берегу, но в море я порву им руки!

Женщины опять задумались: да, царь морской и это сделать может, у него крепкие жилы из манильских трав.

Пока они думали, на поверхность воды вышли дочери морского царя. Они, как и отец, были некрасивы. Вышли дочери Нептуна и сказали:

— Женщины, отдайте нам свою красоту: за это мы достанем со дна моря крепкой манильской травы, совьём из неё жилы для ваших сыновей, и руки у них будут такие же крепкие, как у нашего отца.

Женщины сразу согласились и отдали дочерям морского царя свою красоту.

Если, дорогой мальчик, ты увидишь где-нибудь некрасивую женщину, не отворачивайся от неё, знай, что она пожертвовала своей красотой ради детей.

Когда царь Нептун узнал о проделке дочерей, очень разгневался он, выбросил их из моря и превратил в птиц чаек.

Ты слышал, мальчик, как чайки плачут над морем? Это они просятся домой, но жестокий отец не пускает их обратно и даже не смотрит на них.

Зато моряки на чаек всегда глядят и наглядеться не могут, потому что чайки носят красоту их матерей.

Юноши, почувствовав крепость в руках и силу в плечах, наконец вышли в море. Вышли они и пропали. Ждут-пождут матери — не возвращаются сыновья.

Появился опять перед женщинами Нептун и громко-громко засмеялся. От его смеха даже волны заходили по морю.

— Не дождаться вам теперь сыновей! — хохотал Нептун. — Они ведь блуждают. Вы и позабыли, что на море нет дорог и тропинок.

И опять он закатился в страшном смехе.

Тогда женщины воскликнули:

— Пусть будет в наших глазах меньше света и пусть над нашей землёй ещё ярче загорятся звёзды, чтобы сыновья нашли по ним дорогу к родным берегам.

Только сказали женщины так, в небе сразу ярко-ярко заблистали звёзды. Юноши увидели их и благополучно вернулись домой.

Вот почему, мой друг, моряки сильны и непобедимы: матери отдали им всё лучшее, что имели.

БЕСЕДА О ПРОИЗВЕДЕНИЯХ И КНИГАХ

1. Подумай и скажи, какую важную для всех истину передаёт в легенде писатель Иван Фёдорович Панькин.

Почему она так важна для каждого из нас?

2. Перечитай текст и поразмышляй, как писатель строит рассказ о важном законе жизни — почитании матери.

3. Составьте коллективно план легенды. Сколько частей в этой легенде?

Ответьте на вопросы.

· С чего начинается повествование?

· Почему так много времени уделено следующей части — описанию, как жили люди?

· О чём потом узнаёт читатель?

· Что рассказано в основной части легенды? Можно ли в этой части выделить эпизоды? Какие?

· Какова заключительная часть легенды?

Озаглавьте каждую часть так, чтобы читатели понимали, о чём рассказывает легенда.

4. Перескажи легенду по плану. Как стоит рассказать — коротко или полно?

САМОСТОЯТЕЛЬНАЯ РАБОТА

Задание 1

Познакомься с элементами книги, которые рассказывают о её содержании.

Прикнижная карточка

Губарев В. Г.

Г93 Королевство кривых зеркал: Сказка/ Худож. В. Полухин. — М.: Дет. лит., 1992. — 110 с.: ил.
ISBN 5-08-003398-3

Сказка рассказывает о приключениях маленькой школьницы Оли в волшебном королевстве, где властвует жестокость, столкнувшись с которой девочка учится по-новому ценить доброту, верность, дружбу.

Оглавление

Иллюстрации

Задание 2

Какие элементы книги позволяют читателю познакомиться с её содержанием?

Расскажи о сказке, которую ты ещё не читал.

СТИХОТВОРЕНИЯ

Читаем, представляем, переживаем, разучиваем наизусть, декламируем

Стихотворение — произведение, написанное в стихотворной форме.

Стихотворной речи присущи рифма и ритм.

Рифма — звуковые совпадения в конце строк. Например:

кроет — воет,
обветшалый — запоздалый,
старушка — лачужка.

Ритм — повторение элементов стиха через определённые промежутки, чередование ударных и безударных слогов. Например:

Бу́ря мгло́ю не́бо кро́ет...

— ‿ — ‿ — ‿ — ‿

РИФМЫ, РИТМ

Прочитай, сравни три текста. Что у них общее? Чем они различаются?

Ветхая избушка стоит вся в снегу. Старушка бабушка глядит в окно. Снег по колено внукам-шалунишкам. Санок быстрый бег весел ребятишкам.

Ветхая избушка вся в снегу стоит. Бабушка-старушка из окна глядит. Внукам-шалунишкам по колено снег. Весел ребятишкам быстрых санок бег.

А. А. Блок

ВЕТХАЯ ИЗБУШКА

Ветхая изб**ушка**
Вся в снегу сто<u>ит</u>.
Бабушка-стар**ушка**
Из окна гляд<u>ит</u>.

Внукам-шалун**ишкам**
По колено сн<u>ег</u>.
Весел ребят**ишкам**
Быстрых санок б<u>ег</u>.

Бегают, смеются,
Лепят снежный дом,
Звонко раздаются
Голоса кругом...

В снежном доме будет
Резвая игра...
Пальчики застудят, —
По домам пора!

Завтра выпьют чаю,
Глянут из окна, —
Ан, уж дом растаял,
На дворе — весна!

БЕСЕДЫ О ПРОИЗВЕДЕНИЯХ И КНИГАХ

Беседа 1

1. Какой из текстов, представленных на страницах, — стихотворение?
2. Какой из текстов читать легче? Почему?
3. Какой из текстов легче запомнить? Почему?

Запоминать текст помогает ритм, рифма — мелодика стиха, её чувствует читатель.

4. Прочитай целиком стихотворение Александра Александровича Блока (1880—1921).

5. Какие чувства пробуждает стихотворение?

6. Сколько картин предстаёт перед читателем стихотворения А. А. Блока? Какие это картины?

7. Прочитай последнее четверостишие. Какие чувства оно передаёт: грусть или радость?

8. Прочитай стихотворение так, чтобы слушатели увидели меняющиеся картины и почувствовали настроение каждого эпизода.

Беседа 2

1. Прочитай стихотворение Ивана Саввича Никитина. Попробуй точно и ясно представить картины, которые воссоздаёт поэт в стихах.

Отвечай на вопросы, но не пересказывай стихотворение, а читай строки стихов.

В какое время года происходят события? В какое время суток? Где? **Небо, залив, лес, поляна, луга, поля** — найди, где и как их рисует поэт.

Прочитай описания сцен: **у костра, пляски на поляне.**

2. Сколько всего эпизодов-картин предстаёт перед читателем? Прочитай описание каждой. Замечай, как меняется настроение от картины к картине.

3. Чувство тишины, покоя, красоты.

Чувство радости, удали, веселья.

Чувство простора, раздолья, счастья.

Какие картины сопровождают эти переживания?

4. Прочитай стихи так, чтобы слушатели увидели и почувствовали красоту родной природы и радость людей.

5. Какая картина тебе запомнилась? Перечитай эту часть стихотворения ещё раз выразительно. Какие строки ты запомнил?

НАСТРОЕНИЯ, ЧУВСТВА, КАРТИНЫ

Прочитай начало стихотворения русского поэта XIX века Ивана Саввича Никитина. Представляй.

Ярко звёзд мерцанье в синеве небес; месяца сиянье падает на лес, В зеркало залива сонный лес глядит; в чаще молчаливой темнота лежит. Слышен меж кустами смех и разговор; жарко косарями разведён костёр. По траве высокой, с цепью на ногах, бродит одиноко белый конь впотьмах.

Найди рифмы.
Выдели и отметь конец каждой стихотворной строки.
Прочитай стихи.
Какое настроение передано в этой части стихотворения?
В каком темпе, ритме надо читать эти строки, чтобы перед слушателями возникали картины, которые рисует поэт? Читай.

Вот уж песнь заводит
Песенник лихой,
Из кружка выходит
Парень молодой.

Шапку вверх кидает,
Ловит — не глядит,
Пляшет-приседает,
Соловьём свистит.

Песне отвечает
Коростель в лугах,
Песня замирает
Далеко в полях...

Золотые нивы,
Гладь да блеск озёр,
Светлые заливы,
Без конца простор,

Звёзды над полями,
Глушь да камыши...
Так и льются сами
Звуки из души!

РАЗУЧИВАЕМ СТИХИ

Прочитай стихотворение А. С. Пушкина, а затем познакомься с рассказом В. В. Голявкина.

А. С. Пушкин

ЗИМНИЙ ВЕЧЕР

Буря мглою небо кроет,
Вихри снежные крутя;
То, как зверь, она завоет,
То заплачет, как дитя,

То по кровле обветшалой
Вдруг соломой зашумит,
То, как путник запоздалый,
К нам в окошко застучит.

Наша ветхая лачужка
И печальна, и темна.
Что же ты, моя старушка,
Приумолкла у окна?

Или бури завываньем
Ты, мой друг, утомлена,
Или дремлешь под жужжаньем
Своего веретена?

...Спой мне песню, как синица
Тихо за морем жила;
Спой мне песню, как девица
За водой поутру шла...

В. В. Голявкин

КРУТИ СНЕЖНЫЕ ВЕРТЯ

— Буря мглою небо кроет,
Вихри снежные крутя... —

орал я на весь дом.

Я отложил книжку в сторону и с выражением прочёл:

— Кроя мглою бурю кроет,
Крути снежные вертя...

Что-то не то. Я опять начал снова:

— Буря мглою...

Я забыл вдруг, что буря кроет. Я стал думать и вскоре вспомнил. Я так обрадовался, что начал снова:

— Буря кроет, небо мглоет...

МГЛОЕТ? Что это такое? Мне стало не по себе. Такого, по-моему, не было. Я поглядел в книжку. Ну так и есть! МГЛОЕТА нету!

Я стал читать, глядя в книжку. Всё получалось как в книжке. Но как только я закрыл книжку, я вдруг прочёл:

— Утро воет небо могилою...

Это было совсем не то. Я это сразу понял. Я всегда вижу, когда не то. Но в чём тут дело, в конце концов? Почему я никак не запомню?

— Не нужно зубрить, — сказал старший брат, — разберись, в чём там дело.

Я стал разбираться: значит, буря покрывает небо своей мглою и в то же время крутит что есть силы снежные вихри.

Я закрыл книжку и чётко прочёл:

— Буря мглою небо кроет,
Вихри снежные крутя...

О чём весёлый рассказ Виктора Владимировича Голявкина?
Какое правило чтения и запоминания стихов подсказано тебе?
Составь правила разучивания стихотворения:
1. Прочитай стихотворение.
2. Подумай, о чём и что говорят стихи.
3.
4.
5.

БЕСЕДА О ПРОИЗВЕДЕНИЯХ И КНИГАХ

1. Прочитай стихотворение Александра Сергеевича Пушкина «Зимний вечер».

2. Кому поэт посвятил это стихотворение?

3. Арина Родионовна Миронова — как её называет поэт в стихах?

4. Какие чувства переданы в стихах?

5. Читай стихи выразительно — представляй картины.

6. Прочитай слова — вспомни стихи.

буря

мгла

небо

вихри

зверь

дитя

старушка

окно...

7. Перечитай стихотворение по книге.

8. Какие строки запомнились? Повтори.

9. Декламируй стихи.

10. Что помогло тебе запомнить стихи?

Прочитай.

А. Т. Твардовский

* * *

Плывут паутины
над сонным жнивьём.
Краснеют рябины
под каждым окном.
Хрипят по утрам
петушки молодые.

Дожди налегке
выпадают грибные.
Поют трактористы,
на зябь выезжая.
Готовятся сёла
ко Дню урожая.

Александр Трифонович Твардовский — русский поэт прошлого века. Самое известное его произведение — поэма «Василий Тёркин»: про балагура, весёлого, неунывающего, доброго, рассудительного и смелого рядового солдата времён Великой Отечественной войны. Он и его товарищи отстояли независимость Родины.

БЕСЕДА О ПРОИЗВЕДЕНИЯХ И КНИГАХ

1. Поэтический образ Родины встаёт перед глазами читателя стихов А. Т. Твардовского.

Поэтический — полный любви и задушевности.

2. Читай стихотворение, представляй картины, передавай чувства.

3. Отвечай на вопросы — запоминай стихи.

Плывут паутины — где?

Краснеют рябины — где?

Кричат по утрам — кто?

Дожди по утрам выпадают — какие?

Поют трактористы — когда?

Готовятся сёла — к чему?

4. Перечитай стихотворение. Какие строки запомнил?

5. Представляй и рассказывай стихотворение по памяти.

6. Декламируй стихотворение.

Стихи можно легко запоминать:

— по опорным рисункам,
— в опоре на воображаемые картины,
— по опорным словам,
— по вопросам.

САМОСТОЯТЕЛЬНАЯ РАБОТА

М. В. Исаковский

ВЕТЕР

Осторожно ветер
Из калитки вышел,
Постучал в окошко,
Пробежал по крыше;

Поиграл немножко
Ветками черёмух,
Пожурил за что-то
Воробьёв знакомых.

И, расправив бодро
Молодые крылья,
Полетел куда-то
Вперегонку с пылью.

Михаил Васильевич Исаковский — русский поэт прошлого века. Его стихи и песни знает вся страна. А песню о девушке Катюше и её друге-пограничнике пели и поют во многих странах мира. Песня была написана до Великой Отечественной войны. В годы трудных испытаний именем девушки из песни были названы ракетные установки, с которыми было выиграно не одно сражение. Теперь «катюши» можно видеть на постаментах: это памятники воинам — защитникам Родины.

Задание 1

Прочитай стихотворение, ответь на вопросы.

1. **Ветер, ветерок, ветрило** или **ветрище** вышел, пробежал, постучал, поиграл, пожурил?

2. Какое настроение чувствуется в стихотворении М. В. Исаковского?

3. Читай стихотворение, думай, что́ говорит поэт. Какое настроение он передаёт?

Задание 2

Разучивай стихотворение.

1. Отвечай на вопросы, обращайся к тексту стихотворения.

ВЕТЕР

Вышел	откуда?
Постучал	куда?
Пробежал	где?
Поиграл	чем?
Пожурил	кого?
Расправив	что?
Полетел	куда?

2. Ответил на вопросы? Прочитай стихотворение ещё раз.

3. Декламируй стихотворение. Получилось? Прочитай ещё раз — обязательно запомнишь!

ДЕКЛАМАЦИЯ, ЧТЕНИЕ ПО РОЛЯМ

А. Л. Барто

ПРО ОДИН КВАРТЕТ

Басню выбрали давно,
Распределили роли.
Решило выступить звено
На утреннике в школе.

Решили девочки прочесть
«Квартет» (такая басня есть).
Светлане роль не подошла:
— Я вовсе не упряма,
Зачем же мне играть осла?
Мне не позволит мама!

Артистки начали шуметь.
Одна кричит — она медведь,
А вовсе не мартышка!
Кричит другая: — Чур-чура!
Сказала я ещё вчера:
Я — косолапый мишка!

Проходит день и два денька,
Потом проходит пять —
На репетицию никак
Артисток не собрать.

Пришёл козёл и сел за стол,
Но нету соловья.
— Ну, если так, — сказал козёл, —
Тогда уйду и я!

Проказница мартышка
Умчалась на каток,
И косолапый мишка,
Схватив своё пальтишко,
Пустился наутёк.

То нет мартышки,
То козла
Куда-то тётя увезла,
То мишка косолапый
Ушёл на лыжах с папой...

«Когда в товарищах согласья нет»,
Не прочитать им и «Квартет».

Подумайте и решите, как организовать подготовку к представлению, чтобы оно состоялось.
Умение уступить, помочь, согласиться, достойно и уважительно отстоять своё мнение, умение быть обязательным и дисциплинированным — об этом стоит помнить.

БЕСЕДА О ПРОИЗВЕДЕНИЯХ И КНИГАХ

1. Какую басню Ивана Андреевича Крылова решили инсценировать девочки? Найди эту басню в книгах поэта и прочитай.

2. О каких особенностях и правилах подготовки инсценирования напоминает стихотворение Агнии Львовны Барто и басня Ивана Андреевича Крылова «Квартет»?

3. Познакомься со «Словарём театра». Что подсказал словарь, что разъяснил?

Как эти подсказки помогут организовать подготовку к спектаклю и сделают выступление интересным для зрителей?

4. Подготовьте с друзьями чтение стихотворения А. Л. Барто в лицах — по ролям.

Сколько актёров будет участвовать в инсценировке?

У всех ли героинь стихотворения есть свои реплики — слова для исполнения?

Исполнение каких реплик надо будет уточнить?

Какой характер у каждой героини? Где и как об этом сказано в стихотворении?

5. Познакомься со стихотворениями-пьесами А. Л. Барто и Р. В. Зелёной (с. 97—100).

Найди ремарки. Что они разъясняют актёрам?

6. Подготовьте инсценировки.

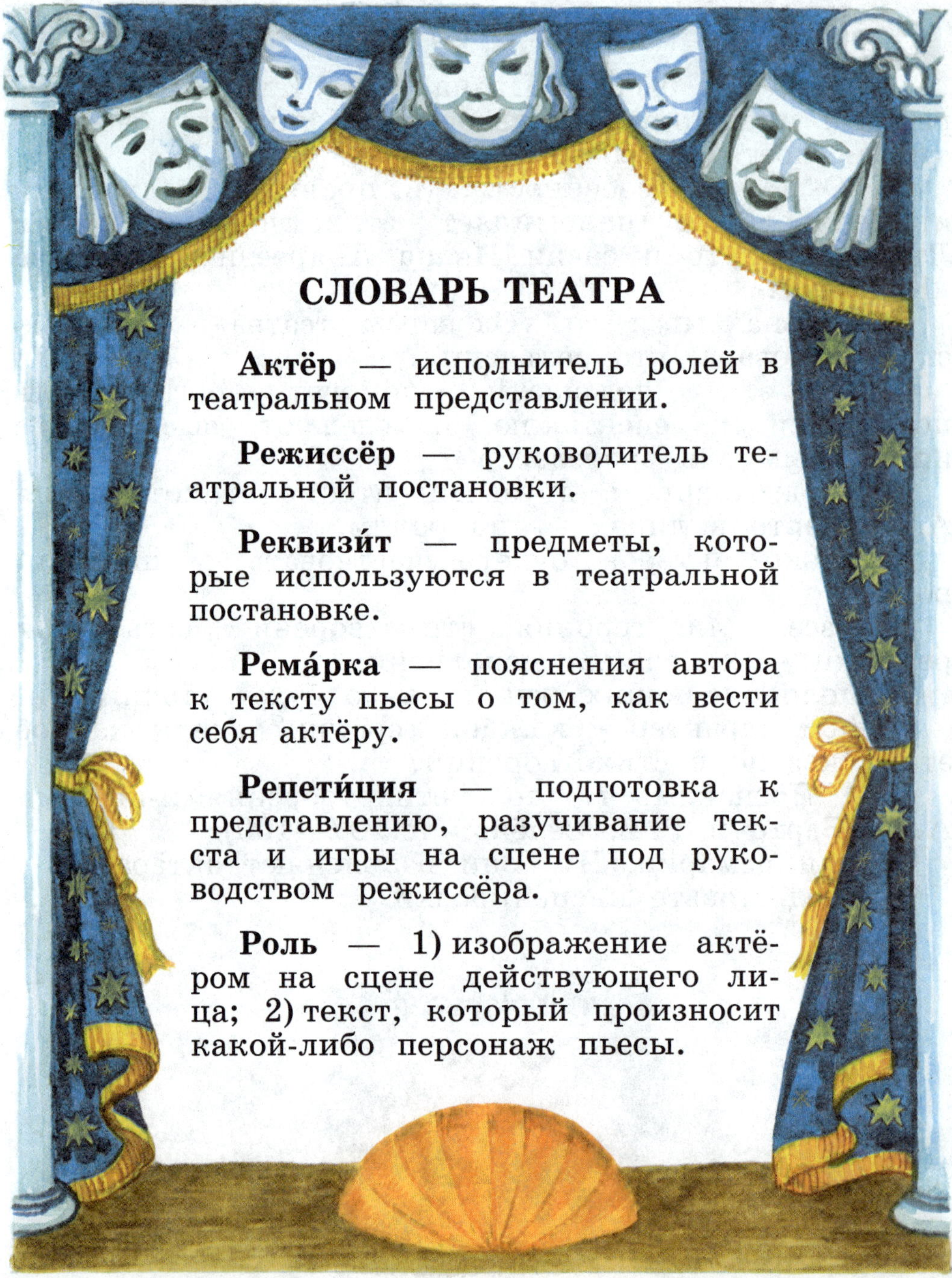

СЛОВАРЬ ТЕАТРА

Актёр — исполнитель ролей в театральном представлении.

Режиссёр — руководитель театральной постановки.

Реквизи́т — предметы, которые используются в театральной постановке.

Рема́рка — пояснения автора к тексту пьесы о том, как вести себя актёру.

Репети́ция — подготовка к представлению, разучивание текста и игры на сцене под руководством режиссёра.

Роль — 1) изображение актёром на сцене действующего лица; 2) текст, который произносит какой-либо персонаж пьесы.

Стихотворение-пьеса

А. Л. Барто, Р. В. Зелёная

АХ, РУКИ, РУКИ!

Посреди сцены стоит Андрюша. Справа от него — строгая девочка. Слева — добрая девочка.

У Андрюши нет в сценке ни одного слова, но он не только присутствует здесь — он играет: то высоко и гордо поднимает голову, то низко, виновато опускает её, в зависимости от того, что о нём говорят.

Добрая девочка (указывая за кулисы)

Смотрите, полочка для книг
Сработана отлично!
Над ней трудился ученик
Петров Андрюша лично.

Андрюша задирает нос,
гордо посматривает на зрителей.

Строгая девочка

А в воскресенье на канал
Поехал он на лодке,
И так он лодку доконал,
Что больше нету лодки.

Андрюша низко опускает голову.

Добрая девочка (показывая куда-то в зал)

Смотрите, вот почти готов
Андрюшин ящик для цветов.

Сделано со вкусом —
На пятёрку с плюсом!

Андрей поднимает голову.

Строгая девочка

Но вбежал Андрюша в зал,
Так он дверью хлопнул,
Будто пушки дали залп
По зеркальным стёклам.

Андрей опускает голову.
На сцене появляются двенадцать новых участников.
Это могут быть просто ребята,
а могут быть и жильцы, о которых идёт речь.

Жильцы (хором, грозно)

А когда он принял душ,
Дело было хуже:
Все жильцы, двенадцать душ,
Вытирали лужи!

Андрей ещё ниже опускает голову.
Делает попытку убежать,
но жильцы окружили его и не выпускают.

Добрая девочка (пробует заступиться за Андрюшу)

В мастерской он не такой,
Отметки повышает.

Строгая девочка

Он создаёт одной рукой...

Жильцы

Другой он разрушает!

Пьеса для одного актёра

А. Л. Барто, Р. В. Зелёная

ДВА СНЕЖКА

На сцену выбегает мальчишка в пальто и шапке, ищет, куда бы спрятаться. Притаился в уголке, трёт руки варежкой, дует на пальцы; выглядывает — нет, никто за ним не гонится. Успокаивается, подходит ближе к зрителям, начинает очень весело рассказывать.

Мальчишка

Погода снежная была,
Отличная погода.
Швырнул снежком из-за угла
Я прямо в пешехода!

(Со смехом.)

Он рассердился, поднял крик,

(Передразнивает.)

Что снег попал за воротник,
Что так нельзя, что стыдно так,
Что к людям я нечуток.

Подумайте, какой чудак:
Не понимает шуток!

(Прохаживается по сцене, напевает.)

Погода снежная была,
И мне гулять охота,
Охота... охота...

Из-за кулис летит в мальчишку огромный снежок.

Ой!.. Вдруг снежком из-за угла
В меня швыряет кто-то...

(Отряхивается, поёживается.)

Снег тает под воротником —
Я простужусь, пожалуй!
Швырнул мне в спину снежный ком
Какой-то глупый малый!

(Кричит за кулисы.)

Он просто трус!.. И озорни-ик!..
И человек нечуткий!..

(Зрителям, жалобно.)

Бросать снежки за воротник —
Какие ж это шутки!

САМОСТОЯТЕЛЬНАЯ РАБОТА

С. В. Михалков

А ЧТО У ВАС?

Кто на лавочке сидел,
Кто на улицу глядел,
Толя пел,
Борис молчал,
Николай ногой качал.

Дело было вечером,
Делать было нечего.

Галка села на заборе,
Кот забрался на чердак.
Тут сказал ребятам Боря
Просто так:
— А у меня в кармане гвоздь.
А у вас?
— А у нас сегодня гость.
А у вас?
— А у нас сегодня кошка
Родила вчера котят.
Котята выросли немножко,
А есть из блюдца не хотят.
— А у нас на кухне газ.
А у вас?
— А у нас водопровод.
Вот.
— А из нашего окна
Площадь Красная видна.

А из вашего окошка
Только улица немножко.

— Мы гуляли по Неглинной,
Заходили на бульвар,
Нам купили синий-синий,
Презелёный красный шар.

— А у нас огонь погас —
Это раз.
Грузовик привёз дрова —
Это два.
А в-четвёртых, наша мама
Отправляется в полёт,
Потому что наша мама
Называется пилот.
С лесенки ответил Вова:
— Мама — лётчик?
Что ж такого!

Вот у Коли, например,
Мама — милиционер.

А у Толи и у Веры
Обе мамы — инженеры.
А у Лёвы мама — повар.
Мама — лётчик?
Что ж такого!

— Всех важней, — сказала Ната, —
Мама вагоновожатый,
Потому что до Зацепы
Водит мама два прицепа.

И спросила Нина тихо:
— Разве плохо быть портнихой?
Кто трусы ребятам шьёт?
Ну конечно, не пилот.

Лётчик водит самолёты —
Это очень хорошо.

Повар делает компоты —
Это тоже хорошо.

Доктор лечит нас от кори,
Есть учительница в школе.

Мамы разные нужны,
Мамы всякие важны.

Дело было вечером,
Спорить было нечего.

Задание 1

Составь перечень всех действующих лиц, назначь исполнителей.

Не забудь, что на сцене должны быть дети — герои стихотворения, которые не произносят реплик, но участвуют в действии — заинтересованно слушают.

Действующие лица	**Исполнители**
Рассказчик-ведущий	Петров Лёня
Боря	Иванов Серёжа
Толя	....
....	....

Задание 2

Кто из ребят важничает? Кто хвалится? А кто застенчивый, тихоня?

Определи по тексту стихотворения, как ведёт себя каждый из рассказчиков-собеседников. Будь внимателен: С. В. Михалков по-разному рассказал о каждом из ребят.

Задание 3

Вместе с исполнителями оборудуйте сцену, поставьте стулья, скамейки, договоритесь, кто и где расположится, чтобы зрителям было всех видно и слышно.

Задание 4

Проведите репетицию: сначала пользуйтесь книгой, а затем читайте стихотворение наизусть и разыгрывайте спектакль.

ЧТЕНИЕ И ПЕНИЕ

Песня — словесно-музыкальное произведение. Авторами песни являются поэт и композитор. Их фамилии всегда указываются рядом с заглавием песни.

Песни, написанные **на слова известных стихотворений:**

«Прививка» — стихи С. Михалкова, музыка М. Матвеева;

«Азбука» — стихи Б. Заходера, музыка Г. Воронова;

«Урок родного языка» — стихи С. Маршака, музыка С. Прокофьева.

Другие **песни** — **самостоятельные произведения**, которые были созданы вместе поэтом и композитором:

«Наш край» — стихи А. Пришельца, музыка Д. Кабалевского;

«Антошка» — стихи Ю. Энтина, музыка В. Шаинского;

«Песенка про чибиса» — стихи А. Пришельца, музыка М. Иорданского.

УЛЫБКА

Из мультфильма «Крошка Енот»

Слова М. Пляцковского
Музыка В. Шаинского

От улыбки хмурый день светлей,
От улыбки в небе радуга проснётся...
Поделись улыбкою своей,
И она к тебе не раз ещё вернётся.

Припев:

И тогда наверняка
Вдруг запляшут облака,
И кузнечик запиликает на скрипке...
С голубого ручейка
Начинается река,
Ну а дружба начинается с улыбки...

От улыбки маленькой одной
Перестанет плакать даже хмурый дождик.
Тёмный лес простится с тишиной
И захлопает в зелёные ладоши.

Припев.

От улыбки станет всем теплей —
И слону, и даже маленькой улитке.
Так пускай повсюду на земле
Словно лампочки включаются улыбки.

Припев.

МАЛЬЧИШКИ И ДЕВЧОНКИ

Слова И. Дика
Музыка А. Островского

Ровесницы, ровесники,
Девчонки и мальчишки,
Одни поём мы песенки,
Одни читаем книжки.

Припев:

Девчонки, мальчишки,
Мальчишки, девчонки,
Мы учимся вместе, друзья.
Всегда у нас весело в классе,
Да здравствует дружба, ура!!!

Идём по общей лестнице,
Звонок услышав громкий,
Ровесники, ровесницы,
Мальчишки и девчонки.

Припев.

Ровесницы, ровесники,
Мальчишки и девчонки,
Пусть будет дружбы вестником
Припев вот этот звонкий.

Припев.

БЕСЕДА О ПРОИЗВЕДЕНИЯХ И КНИГАХ

1. Две песни — похожие и разные. Что роднит песни — содержание, настроение?

2. Какая особенность построения песен?

3. Определи, к этой ли песне даны ноты.

ПЕСЕНКА КРОКОДИЛА ГЕНЫ

Слова А. Тимофеевского
Музыка В. Шаинского

Припев:

Я играю на гармошке
У прохожих на виду...
К сожаленью, день рожденья
Только раз в году...

Весело

Можно ли утверждать, что текст и музыка песни одно целое произведение?

ПОВЕСТИ

Читаем, обдумываем, предполагаем, перечитываем, рассуждаем

Повесть — произведение, повествующее историю, где несколько событий. Повесть, как правило, больше, чем рассказ, но меньше, чем роман.

Отличить повесть от других произведений помогает специальная помета на титульном листе или в выходных данных книги. В книгах-сборниках подзаголовок «повесть» обычно ставится в содержании.

Повесть может быть написана в стихах. Например, эти повести написаны С. Я. Маршаком: «Почта военная», «Ледяной остров», «Мистер Твистер».

Для детей написаны и романы. Всем известны приключения Незнайки. Книги Н. Н. Носова о забавных коротышках — романы.

Л. И. Давыдычев

ЛЁЛИШНА ИЗ ТРЕТЬЕГО ПОДЪЕЗДА,

или

Повесть о доброй девочке, храбром мальчике, укротителе львов, двоечнике по прозвищу Пара, смешном милиционере

и других интересных личностях, перечислять которых в названии нет никакой возможности, потому что оно и так получилось слишком длинным

Лев Иванович Давыдычев родился в 1927 году в городе Соликамске Пермской области. Он окончил нефтяной техникум, потом историко-филологический факультет Пермского университета и стал журналистом. Первую книгу для детей Лев Иванович опубликовал в 1952 году.

Перед тобой **юмористическое** произведение — повесть с доброй шуткой, весёлым смехом, где к тому же отрицательные и положительные качества героев **преувеличены**. А зачем автор показывает если злых, то злее не придумаешь, а если добрых, то добрейших?

Читай, размышляй.

И если уж так случилось, что повесть эта связана с цирком, то автору невольно пришлось использовать слова, принадлежащие манежу. Цирковое представление, как известно, начинается с парада участников... Вот и сейчас вы попадёте на парад участников повести «Лёлишна из третьего подъезда».

ПАРАД УЧАСТНИКОВ

Лёлишна Охлопкова

Лёля Охлопкова, которую все называют Лёлишна, живёт в нашем доме — в третьем подъезде, на пятом этаже.

Ей одиннадцать лет.

Живёт она с дедушкой. Родители её умерли.

Хотели Лёлишну взять в детский дом, но дедушка сказал:

— Не выйдет.

И заплакал.

Потом дедушку хотели взять в дом для престарелых, но Лёлишна сказала:

— Не выйдет.

И не заплакала, потому что хотя и была маленькой, да ещё девочкой, но характер у неё был мужественный.

Она сказала дедушке:

— Пойдём-ка лучше купим мороженого.

Так они и сделали.

Сначала им стало весело, однако, когда вернулись домой, дедушка опять чуть не заплакал.

— Ты только слушайся меня, — сказала Лёлишна, — и всё будет очень замечательно!

— Ладно, — ответил дедушка, — за меня не беспокойся. Я буду вести себя очень прекрасно.

Он выпил валерьяновых капель (тридцать четыре штуки), прилёг и заснул.

Лёлишна поцеловала его в лоб, вышла на балкон и расплакалась, хотя у неё и был мужественный характер.

«Бедный дедушка, — подумала она. — Он ведь тоже сирота. У меня папы и мамы нет, и у него мамы и папы нет. Одни мы с ним остались».

Но долго переживать у неё не было возможности: некогда — забот много. Вряд ли кто из нас поймёт это, разве что некоторые девочки. А кто поймёт, тому и растолковывать не нужно.

Достаточно лишь сказать: Лёлишна была главой семьи. А быть главой семьи хотя бы из двух человек — дело трудное и неблагодарное.

И главная его трудность заключается в том, что состоит оно из мелких мелочей.

Казалось бы, чего проще — сходить на рынок и в магазины, приготовить обед, прибрать квартиру?

А ну попробуйте.

И вы увидите самое неприятное, увидите, что время п р о х о д и т. Да, да, пройдёт несколько часов, а что, собственно, вы успели сделать? Мелкие мелочи. Даже и похвастаться нечем.

Все до того привыкли считать работы по домашнему хозяйству не стоящими внимания, что и не обращают на них внимания. Но...

НО...

едят!

Причём каждый день,
причём не один раз
и чтоб ВКУСНО было!
Поели, «спасибо» сказали.

А кто посуду мыть будет?
А кто пол мыть будет?
Бельё стирать?
Гладить бельё кто будет?

Лёлишна всё делала сама. Если дедушка и брался помогать, то лучше бы и не помогал; путал он всё, забывал, всё у него из рук валилось: старенький был дедушка.

На днях он сжёг на сковородке трёх рыб, которых внучка поручила ему зажарить.

— Ах, тебя ни о чём нельзя попросить! — воскликнула Лёлишна, а дедушка стал уверять, что обожает полусгоревшую рыбу.

И в доказательство даже съел одну штуку.

А после этого ему стало плохо.

И Лёлишна весь вечер просидела у его кровати.

Старый да малый — это очень трудно, но выручала дружба. Дедушка и внучка были верными друзьями.

И если вам часто не хватает времени, то у Лёлишны свободного времени почти не было.

Она никому не жаловалась, никто и не замечал, как ей живётся.

Но, повторяю, характер у девочки был мужественный. Не будь у неё такого характера, я бы и писать о ней не стал.

РАССУЖДАЕМ, ПРЕДПОЛАГАЕМ, ПЕРЕЧИТЫВАЕМ

Закончилась первая главка. Прерви чтение, задумайся. О ком она?

Девочка — главная героиня повести? Представь её, ведь за её жизнью ты будешь следить на протяжении всей повести, предугадывая поступки, сочувствуя ей, переживая за неё.

Поразмыслил? Продолжай читать. Читай про себя, представляй.

Петька-Пара

Это что такое? Все участники парада стоят на ногах, а этот...

Лежит!

И спит...

Разрешите представить вам Петьку-Пару, чемпиона по плевкам, известного двоечника.

Спать он может до двух часов дня (если его разбудят, а если нет — то до трёх или четырёх часов).

Будит его бабушка.

На эту операцию ей требуется часа полтора, а то и два.

Да ещё с половиной.

Сначала бабушка снимает с внука одеяло и выдёргивает из-под его головы подушку.

Тогда он суёт себе под голову кулак, а другой рукой накрывает плечо.

И спит.

Затем бабушка вытаскивает из-под него матрац.

Петька остаётся на голой раскладушке.

И спит.

Бабушка выливает на него стакан холодной воды.

Петька недовольно хрюкает, плюётся, но не просыпается.

Тогда бабушка опрокидывает раскладушку.

Петька стукается об пол и продолжает спать.

Примерно через полчаса он встаёт на четвереньки: холодно лежать на полу!

И Петька ползёт, не открывая глаз. Ползёт он к ковру.

Но хитрая бабушка ставит на его пути стул.

Петька стук об него лбом и поворачивает в сторону. И опять натыкается на стул.

Стукнувшись о стул раз восемь, Петька садится и начинает протирать глаза.

А бабушка уже наготове — стоит с миской в руках.

А в миске — каша.

И ещё не проснувшись, внук широко раскрывает рот, а бабушка складывает туда кашу.

Петька глотает.

Съев кашу, он просит:

— Чай!

Бабушка мчится за чаем.

Насытившись, Петька сначала открывает один глаз, а через несколько минут — второй.

Но если вы думаете, что он уже проснулся, то ошибаетесь.

Бабушка берёт его под мышки и держит так до тех пор, пока внук не перестанет покачиваться.

Она отпускает его и говорит:

— Вот мы и проснулись.

Бывало, что Петька засыпал среди бела дня. Это кончалось тем, что замок в дверях приходилось взламывать. Мог он уснуть в трамвае, в кинотеатре, в ванне, на уличной скамейке, а уж как крепко спал он на уроках, и говорить не надо! Замечательно спал.

Ещё любил Петька плевать. Это было его любимое занятие. Он мечтал научиться плевать так метко, чтобы с высоты пятого этажа попадать в копеечку.

В каждом классе Петька сидел два года; и все к этому так привыкли, что если бы он вдруг перешёл в следующий класс как положено, то все бы очень удивились.

Когда его отца вызывали в школу и жаловались на сына, отец говорил:

— Ничего, гражданка учительница, образумится парень со временем. Вот пойдёт в армию, там из него человека сделают. Любо-дорого на парня посмотреть будет.

— А до армии? — спрашивала учительница.

— Живёт ведь. А что? — невозмутимо спрашивал отец. — Не ворует, людей не убивает. Правда, соображает он плоховато. Так ведь не всем же академиками быть. Дворники тоже нужны.

Но Петька ни дворником, ни академиком быть не собирался. Любил он:

поесть
поспать
и
п е ть
по л ва

Больше Петьку ничто в жизни особенно не интересовало.

РАССУЖДАЕМ, ПРЕДПОЛАГАЕМ, ПЕРЕЧИТЫВАЕМ

Ещё один персонаж. Каков он?
Почему после рассказа о героине появляется очень, очень... (какой) мальчик?
Представь тех, о ком прочитал!

Нарисуйте портреты тех, о ком прочитали. Каждый портретист должен доказательно и убедительно рассказать о том, почему он видит именно таким персонажа повести.

Готовься к беседе.

БЕСЕДА О ПРОИЗВЕДЕНИЯХ И КНИГАХ

1. Мальчик и девочка. Что известно о каждом?
- Как зовут? О чём говорит имя и прозвище?
- Сколько лет?
- Как выглядит?
- Какая у неё (у него) семья?
- Кого и что любит или не любит?
- О чём мечтает? Чему радуется? О чём печалится?
- Какие поступки совершает?

На все ли эти вопросы отвечает начало повести?

2. Попробуй рассказать о каждом персонаже, **охарактеризовать** — описать отличительные свойства каждого, опираясь на прочитанное.

Слова, которые помогут начать описание:

весёлая	**весёлый**
скучная	**скучный**
ленивая	**ленивый**
трудолюбивая	**трудолюбивый**
подвижная	**подвижный**
спокойная	**спокойный**

3. Продолжай чтение.
Читай вслух, представляй, замечай.

Виктор Мокроусов

Вот он в четвёртый класс не перешёл, а, точнее сказать, перебежал, так как учился он очень хорошо.

Живёт он в том же доме, что Лёлишна и Петька, в первом подъезде, на третьем этаже.

Когда Виктор во дворе, все могут быть спокойны. Он, если потребуется, наподдаст любому хулигану, защитит малыша или девочку; синяк под глаз получит, но не убежит от опасности. И вовсе не потому, что он сильнее всех или длиннее. Наоборот — Виктор самого среднего роста, и мускулы у него самые обыкновенные.

Сильным его делает смелость.

А откуда он, по-вашему, взял эту смелость?

На дороге нашёл?

Или взаймы у кого-нибудь выпросил?

Или на ножичек выменял?

Или папа у него космонавт?

Или Герой Советского Союза?

Нет, нет, нет и нет.

Папа у него бухгалтер, тихий человек. Про таких говорят: мухи не обидит.

А смелость на дороге не валяется.

Никто её взаймы дать не может.

И на ножичек не сменяет.

До второго класса Виктор был трусоват.

Вот гулял он однажды в городском парке, вдруг слышит ребячьи голоса:

— Головешка идёт! Головешка идёт!

Оглянулся Виктор, а к нему подбегает этакий чумазый тип и говорит:

— Давай деньги! Ну!

— Какие деньги? — заикаясь от страха, спросил Виктор.

— Твои. А ну — давай! — И этакий чумазый тип стукнул его по лбу.

Виктор бежать.

Прибежал он домой весь в слезах, рассказал о том, что сейчас с ним случилось.

— Ну и дурак, — сказал отец. — Выходит, что зря мы тебе такое имя дали. Придётся его сменить. Виктор — значит победитель. Звать тебя Победитель, а ты никого победить не можешь. Какой-то головешки испугался.

— Он меня по лбу! Кулако-о-о-ом!

— Будет так! — рассердился отец. — Или ты становишься победителем, или мы меняем тебе имя!

Задумался Виктор. К имени своему он привык — хорошее имя, красивое.

Виктор — победитель.

Чтобы оправдать такое имя, надо быть смелым.

Но как — стать смелым?

Надо тренироваться, учиться быть смелым.

А как???????????????

А вот так: не бояться — и всё!

И Виктор пошёл в городской парк.

И сразу увидел

Головешку —

этакого чумазого типа.

Как и следовало ожидать, тип подскочил, скомандовал:

— А ну давай деньги!

— Денег у меня нет, а если бы и были, то ничего бы ты не получил.

— Зато ты получишь! — крикнул Головешка и стукнул его уже не по лбу, а — в лоб.

Виктор — реветь и наутёк.

Добежал он до выхода из парка и остановился. Что же такое получилось? Опять победителя победили?

По щекам его текли слёзы, но он двинулся обратно.

Головешка, увидев Виктора, захохотал.

Однако долго хохотать ему не пришлось.

Виктор закрыл от страха глаза и махнул рукой.

И попал Головешке по плечу.

Тот дал сдачи.

Виктор — реветь и стукнул его по лбу.

Народ собрался.

Девчонки визжат, попискивают. Мальчишки советы дают.

Вдруг — милицейский свисток.

в ую.
Все
р ып
ас с н

Быстрее всех умчался Головешка.

Один Виктор остался.

Подходит милиционер Горшков, спрашивает:

— Что тут имело место?

— Победитель побеждал, — с плачем ответил Виктор.

— Какой это победитель?

— Я-а-а-а-а-а-а-а-а... — на весь парк заревел Виктор.

— Какой же ты победитель? — удивился милиционер Горшков. — Во-первых, ревёшь. Во-вторых, нос у тебя расквашен, под глазом синяк и щека расцарапана. Полюбуйся-ка! — Он достал из кармана маленькое зеркальце и протянул мальчику.

— Ого-го-го! — воскликнул Виктор, увидев свою физиономию точно такой, какой её описал милиционер. — Цветная фотография получилась. Меня Виктором зовут, — объяснил он, — а это значит победитель. Так какой же я победитель, если я трус? Вот я и решил смелым стать, чтобы не трусить. Раньше я от Головешки бегал, а сегодня он убежал.

— От Головешки? — спросил Горшков. — Знаю такого. Ну ладно, ты не убежал. Зато ревел.

— Ну и что? Просто рот забыл закрыть.

— А как сейчас самочувствие?

— Ничего, только пить хочу.

И милиционер угостил Виктора газированной водой с вишнёвым сиропом, а на прощание сказал:

— Во-первых, когда побеждать будешь, рот закрывай. Во-вторых, когда подрастёшь, приходи в милицию работать. Нам смелые люди очень нужны.

Домой мальчишка шёл гордый и весёлый. Сегодня он действительно был победителем, хотя и забыл при победе закрыть рот, хотя нос у него был расквашен, под глазом красовался синяк, а щека была расцарапана.

Сегодня Виктор действительно победил свою трусость.

Только не надо думать, что дальше у него всё шло гладко. Нет, как и всякое плохое качество, трусость уничтожить было трудно. Она просыпалась в минуты опасности почти каждый раз.

И каждый раз с ней надо было бороться.

И каждый раз Виктор её побеждал.

РАССУЖДАЕМ, ПРЕДПОЛАГАЕМ, ПЕРЕЧИТЫВАЕМ

С кем ты познакомился?
Почему автор называет его Виктором, а не Витей?
Чем отличается характеристика этого мальчика?
Кого следующего представит читателям автор?
Читай заголовок — предполагай!
Читай про себя.

Укротитель львов Эдуард Иванович

Он тоже самый смелый человек. Ведь если самая обыкновенная кошка, какая-нибудь там Муська или Дуська, исцарапать может, то львы, сами представляете, на что способны. Хлоп лапой — и, как говорится, каюк в белых тапочках!

Конечно, на широком кожаном поясе Эдуарда Ивановича висели пистолеты, но патроны в них были не настоящие — холостые, потому что стрелять в цирке нельзя: можно случайно попасть в зрителей.

Правда, на всякий случай были ещё шланги, чтобы поливать зверей холоднючей водой, если они взбунтуются.

Были у Эдуарда Ивановича и помощники. Во время представления они стояли наготове с длинными железными палками в руках.

Но стояли они за клеткой.

Так что единственным оружием дрессировщика был бич, которым он щёлкал — как стрелял.

— Почему львы вас слушаются? — часто спрашивали Эдуарда Ивановича зрители.

— А потому что я нахал и обманщик, — смеясь, отвечал укротитель. — Я нахально обманываю, доказывая, что я будто бы их сильнее. Как только они догадаются, что я их слабее, так они меня — ам!

Вам, конечно, интересно узнать, как Эдуард Иванович стал укротителем?

Цирк он любил с детства и, когда подрос, пошёл туда работать. Был он и рабочим, и кассиром, и контролёром, а потом стал ассистентом жонглёра, то есть его помощником. Хищники ему нравились, но он и думать боялся о том, чтобы войти в клетку к зверям.

Однажды во время представления укротителю львов стало плохо. Он был пожилым человеком и неожиданно почувствовал, что сердце у него вот-вот разорвётся. Он шагнул к выходу и упал.

Упал он лицом вниз. А хищникам нельзя показывать спину. Они обязательно бросятся на неё.

Ещё никто не успел сообразить, что же произошло, как Эдуард Иванович, стоявший у выхода на арену, открыл дверь в коридор из железных прутьев (по этому коридору львов из клеток выпускают на манеж).

Он выбежал на арену, подхватил дрессировщика под мышки и вытащил в безопасное место.

А львы **словно обезумели** —

заметались,

ПОДНЯЛИ страшенный РЁВ.

В цирке началась паника.

Можно было бы подождать, когда публика выйдет, и загнать зверей в клетки потоками холоднючей воды из шлангов. Но делать этого не хотелось. В цирке есть закон — доводить любой номер до конца.

И Эдуард Иванович во второй раз вышел на арену — к метавшимся львам.

Он взял бич, щёлкнул им — как выстрелил.

У него было такое весёлое, такое бесстрашное лицо, что зрители сразу успокоились, подумали, что будто так и надо было.

А Эдуард Иванович щёлкал бичом, наступал на львов, загонял их в коридор из железных прутьев.

И улыбался.

Когда последний лев был изгнан с арены и закрыт в клетку, молодой жонглёр стал раскланиваться перед довольной публикой как ни в чём не бывало. Как будто всю жизнь он только то и делал, что укрощал львов.

Старый дрессировщик обнял его, расцеловал и проговорил:

— Я больше работать с ними не могу. Они уже не будут меня слушаться. Бери моих львов.

Так Эдуард Иванович стал укротителем.

Интересная и опасная была у него профессия. Но какие бы с ним ни приключались беды и несчастья, он не унывал.

Как-то ему пришлось проводить репетицию ночью. В цирке никого не было, кроме нескольких рабочих и уборщиц.

И ВДРУГ ПОГАС СВЕТ.

Наступила полная темнота.

Укротитель, стоя посередине арены, не только не видел, но и не слышал сразу притаившихся львов и львиц.

А они его и видели и слышали.

Что делать?

Он щёлкнул бичом.

Осторожно попятился.

вспыхнул

И тут свет!

В трёх шагах от себя Эдуард Иванович увидел двух львиц, приготовившихся к прыжку.

— Ай-я-яй! — сказал им дрессировщик. — Как вам не стыдно? А я-то думал, что вы меня любите. А вы решили меня слопать? По местам!

И он продолжал репетицию.

РАССУЖДАЕМ, ПРЕДПОЛАГАЕМ, ПЕРЕЧИТЫВАЕМ

Симпатичен ли тебе этот человек? Какие особенные отличительные его черты выделяет автор? Как ты думаешь, почему после Эдуарда Ивановича писатель представляет девочку. Что в ней особенного? Прочитай заглавие — предположи. Обрати внимание на фамилию и имя.

Злая девчонка Сусанна Кольчикова

Я бы с удовольствием не написал о ней ни строчки, если бы она не участвовала в представлении.

Ей десять лет. Всего десять лет!

Но за свою небольшую жизнь она ухитрилась сделать людям столько неприятностей, сколько другим не сделать и за двести лет.

Можно сказать, что она только тем и занималась, что злилась и со злости творила всякого рода безобразия.

Ростом она маленькая, худенькая, вёрткая.

Пулей вылетит из подъезда.
Стукнет кого-нибудь по затылку.
И обратно
пулей
в подъезд,
домой!

А дома её встречают одна мама, один папа и две бабушки. Они до того обожают свою ненаглядненькую Сусанночку, что считают её самым замечательным ребёнком на всём земном шаре! Они и не подозревали, какие она творит злодеяния.

Однажды Сусанна проколола гвоздём футбольный мяч, ткнула в покрышку и — пши-и-иии...

Двадцать мальчишек — сорок ног — бежали за ней.

И её — две ноги — не поймали!
Кстати, это она научила
Петьку-Пару плевать.
Сказала ему,
что если целый день плевать на одно место,
то к вечеру на этом месте
вырастет белый гриб.
Петька плевал,
плевал,
плевал,
п л е в а л,
п-л-е-в-а-л...

Никакого белого гриба,
даже мухомора, конечно, не выросло,
а плевать — понравилось.

Привык.

Даже Виктор Мокроусов Сусанны побаивался. А что делать?

Бежит мальчишка, она ему подножку — раз!

Он — плюх на землю, искры из глаз, голова гудит.

Он вскочит — и на Сусанну с кулаками.

Она — реветь и звать на помощь.

Люди видят — стоит девочка, плачет в четыре ручья (по два из каждого глаза), а её хотят бить.

И все — ей на помощь.

Вот она какая.

Сусанна
Кольчи-
кова.

РАССУЖДАЕМ, ПРЕДПОЛАГАЕМ, ПЕРЕЧИТЫВАЕМ

Кто они? Какие они?

Победитель Укротитель Ненаглядная

Представь и нарисуй. Готовься к беседе.

5—14606 Джежелей, 3 кл., ч. 1

БЕСЕДА О ПРОИЗВЕДЕНИЯХ И КНИГАХ

1. Кто из участников представления обладает этими качествами и в каком сочетании?

Смелость

Трусость

Хитрость

Лживость

Злоба

Доброта

2. Перечитывай повесть. Рассуждай доказательно, ссылайся на текст произведения.

· Как сложатся отношения главной героини Лёлишны и её ровесников?

· Кто может быть другом, а кто — недругом?

· А может быть, у Лёлишны не будет врагов?

Предположи обоснованно, со ссылками на содержание прочитанного.

Продолжи читать повесть последовательно, не заглядывай в конец.

ПРОДОЛЖАЕМ ПАРАД УЧАСТНИКОВ НАШЕГО ПРЕДСТАВЛЕНИЯ!

Человек, которому никто не верит, — фокусник Григорий Васильевич

Вот как мы с ним познакомились. Был я в командировке, ждал поезда на маленькой железнодорожной станции.

Наступила ночь. До поезда оставалось часа два.

Смотрю: на скамейке под фонарём сидит человек и...

У меня от удивления, как говорится, глаза на лоб полезли, а от страха волосы на голове зашевелились.

Ведь человек этот поднимал с земли гальки, подбрасывал их в воздух, и они

п
а
д
а
л
и
е
м
у
в
р
о
т

Я начал считать гальки. Одна... десять... тридцать...

Человек поднял гальку величиной с кулак, подбросил в воздух и — проглотил!

Заметив меня, он сказал:

— Присаживайтесь.

А я подумал: «Вдруг он возьмёт меня, подбросит в воздух и проглотит?!»

— Садитесь, садитесь, — снова предложил мне этот странный человек. — Отдыхайте.

Я присел, а он продолжал глотать гальки.

— Что вы делаете? — в ужасе спросил я.

— Закурить есть? — спросил этот странный человек.

— Некурящий.

Тогда он сунул руку в карман моего пиджака и достал оттуда сначала портсигар, затем спички, закурил, поблагодарил и положил спички с портсигаром мне в карман.

Я сунул туда руку — пусто.

Тогда он на моих глазах проглотил горящую папиросу, достал из уха новую, проглотил её и достал новую — из моего ботинка.

— Хватит! — весело сказал этот странный человек, видимо почувствовав, что я собираюсь бежать. — Просто я фокусник. Вот от нечего делать тренировался. Понравилось?

— Нет, — ответил я, — испугался.

Человек опустил руки, и из обоих рукавов на землю высыпались гальки, в том числе и та, величиной с кулак.

Посмеялись мы и разговорились.

Родители моего нового знакомого — Григория Васильевича — хотели, чтобы он рос не как другие дети. Его не отпускали одного играть на улицу, в школу и обратно домой его сопровождала мама. Ребёнок рос избалованным, капризным. Родители мечтали, чтобы он прожил жизнь уютно, беззаботно.

Но однажды Гришу привели в цирк.

Видел он и ловких гимнастов, и сильных борцов, и смелых дрессировщиков, и весёлых клоунов, и красивых наездниц...

И здесь же, на представлении, он решил во что бы то ни стало стать фокусником — человеком, которому никто не верит.

И стал им.

И выпала ему жизнь не уютная, не беззаботная, а суматошная, беспокойная, даже тревожная.

Но важно выбрать работу по душе. Это самое главное. Лучше быть хорошим дворником, чем плохим академиком.

Да и профессия фокусника не такая уж лёгкая, как может показаться на первый взгляд.

Фокуснику никто не верит.

Никто! Ни один человек!

Зрители пожалеют оступившегося гимнаста, поскользнувшуюся наездницу, простят глупые шутки клоуну, но когда выходит на манеж фокусник, все зрители мысленно желают ему неудачи. Кое-кто считает его просто обманщиком. Ведь зрители смотрят во все глаза и сердятся, потому что не могут заметить, откуда в бумажном кульке оказывается вода или как куриное яйцо мгновенно превращается в живого петуха.

...Когда в ваш город приедет цирк-шапито, приходите на представление и не жалейте ладоней — хлопайте артистам, этим неутомимым, сильным, ловким и смелым труженикам!

РАССУЖДАЕМ, ПРЕДПОЛАГАЕМ, ПЕРЕЧИТЫВАЕМ

Что привлекает в человеке, который выбрал профессию фокусника? Обманщик ли Григорий Васильевич? Лёгкая ли у него жизнь? А счастлив ли он? Зачем он появился в повести?
Прочти следующую главу. Кое-что ты поймёшь и, может быть, ответишь на последний вопрос.

Гроза жуликов и хулиганов — милиционер Горшков и его подопечный, не поддающийся воспитанию Головешка

Жизнь у Головешки была в высшей степени скучная. Он даже читать не любил. Да чего там — читать! Он даже в футбол не играл.

А Горшков ему одно твердил:

— Думай. Включай свою мозговую систему на полную мощность.

Нет уж, если жизнь не удалась, никакая тут система не поможет, сколько её ни включай! Вот раньше, когда с жуликами дружил, жить было интересно. Воровать Головешке (а так его прозвали за то, что он был черноволосый и всегда чумазый), скажем прямо, понравилось. Конфеты ел, в кино каждый день ходил, мороженое по нескольку штук за один раз сглатывал, по целой бутылке фруктовой воды выпивал и целой булкой закусывал.

И очень, помнится, удивился, когда его забрали в милицию.

Испугался.

Ничего не понял: ведь до этого он не задумывался над тем, что берёт чужие деньги, что совершает преступление, что будь он не маленьким, то за свои делишки угодил бы прямо в тюрьму.

Головешка выслушал Горшкова с величайшим вниманием. Раскаяние его было настолько очевидным, что разговор в милиции занял не более получаса.

Однако на другой день милиционер явился к нему домой и долго разговаривал с матерью, Ксенией Андреевной, выспрашивал её о жизни.

Мать, конечно, расплакалась: сын растёт непутёвым, без присмотра ведь. А она — больная, вот уж несколько лет не встаёт с постели. И если бы не соседка тётя Нюра, то и как бы жили — неизвестно. Лечить-то лечат, а вылечить не могут.

Головешка был благодарен Горшкову, что тот не рассказал о карманных кражах. А то бы мать совсем расстроилась.

Потом милиционер побывал в школе и через месяц примерно добился, чтобы мальчишку перевели в интернат.

Но Головешка опять связался с жуликами.

Горшков опять его поймал.

На этот раз разговор в милиции был куда строже. Тут мальчишка впервые услышал слова «неподдающийся» и «колония».

И на этот раз Горшков рассказал Ксении Андреевне не всё.

— Только в интернате не говорите! — взмолился Головешка. — Я тогда оттуда убегу!

— Ты не пугай, — строго сказал Горшков. — Условия не ставь. Мы тебе условия ставить будем.

— Вы уж его больно-то не ругайте, — попросила Ксения Андреевна, — он у меня переживательный очень.

— Он у вас несознательный очень, — поправил Горшков. — Зря вы его жалеете.

— Да как же мне его не жалеть? Ведь он у меня один. Он одна моя надежда на старость.

— «Надежда, надежда»... — проворчал милиционер. — Если его сейчас же в руки не взять, не приструнить, он вам такую старость организует, что наплачетесь.

И не стало Головешке покоя.

Горшков от него не отставал, всё хотел чем-нибудь увлечь. Хоть бы футболом! На стадион его бесплатно проводил.

Ничего не получилось.

Ничем не интересовался Головешка.

Ничем!

Ох и злился Горшков. И на себя, и на мальчишку. Зачем он только связался с ним?

У самого-то жизнь — хуже не придумаешь. Мечтал он работать в уголовном розыске, чтобы бороться с настоящими преступниками, а его держали, как он выражался, на мелкой рыбе.

И только изредка товарищ майор из уголовного розыска брал Горшкова с собой на опасные задания.

Роста Горшков был двухметрового.

— Потому тебя и не берут в розыск, — шутили товарищи, — что твою фигуру за восемь с половиной километров видно.

Зато уж жуликов Горшков не приводил в милицию, а, можно сказать, приносил за шиворот.

Иной раз по две штуки в каждой руке.

НА ЭТОМ ПАРАД УЧАСТНИКОВ ЗАКАНЧИВАЕТСЯ.
НАЧИНАЕМ ПРЕДСТАВЛЕНИЕ!
ПЕРЕВОРАЧИВАЙТЕ СТРАНИЦЫ,
ЧИТАЙТЕ, ПОКА НЕ НАДОЕСТ!

БЕСЕДА О ПРОИЗВЕДЕНИЯХ И КНИГАХ

Повесть заканчивается тем, что Эдуард Иванович одного из участников парада приглашает к себе в ученики. **Кого?**

Доказательно и убедительно расскажи, кто стал учеником дрессировщика.

Ответить на вопросы тебе поможет оглавление повести.

ОГЛАВЛЕНИЕ

ПАРАД УЧАСТНИКОВ

ПРОДОЛЖАЕМ ПАРАД УЧАСТНИКОВ НАШЕГО ПРЕДСТАВЛЕНИЯ!

НАЧИНАЕМ НАШУ ПРОГРАММУ. ОТДЕЛЕНИЕ ПЕРВОЕ

Назови, кто из героев повести стал артистом цирка.
Хочешь убедиться в правильности своих догадок — читай повесть Л. И. Давыдычева.

САМОСТОЯТЕЛЬНАЯ РАБОТА

Задание 1

Найди на полках библиотеки повесть А. П. Гайдара «Тимур и его команда».

27 августа 1940 года А. П. Гайдар записал в дневнике: «Сегодня закончил повесть о Тимуре». В следующем, 1941 году повесть трижды вышла отдельными изданиями. В этот год началась Великая Отечественная война.

Аркадий Петрович Гайдар в первые дни войны ушёл на фронт. Писатель погиб, защищая Родину, в 1941 году.

Открой повесть А. П. Гайдара «Тимур и его команда». Начни её читать.

Проследи, как автор представляет читателю основных героев книги.

Как автор рассказывает о каждом, что сообщает, что недоговаривает?

Какой характер у каждого персонажа? Какое имя даёт ему автор? С какого момента начинаются основные события повести?

Задание 2

Читая повесть, постарайся понять, что было главным в жизни ребят предвоенной поры.

О чём они мечтали, в какие игры играли, с кем дружили, кого уважали, что ценили?

А. П. Гайдар

ТИМУР И ЕГО КОМАНДА

Вот уже три месяца, как командир бронедивизиона полковник Александров не был дома. Вероятно, он был на фронте.

В середине лета он прислал телеграмму, в которой предложил своим дочерям Ольге и Жене остаток каникул провести под Москвой на даче.

Сдвинув на затылок цветную косынку и опираясь на палку щётки, насупившаяся Женя стояла перед Ольгой, а та ей говорила:

— Я поехала с вещами, а ты приберёшь квартиру. Можешь бровями не дёргать и губы не облизывать. Потом запри дверь. Книги отнеси в библиотеку. К подругам не заходи, а отправляйся прямо на вокзал. Оттуда пошли папе вот эту телеграмму. Затем садись в поезд и приезжай на дачу... Евгения, ты меня должна слушаться. Я твоя сестра...

— И я твоя тоже.

— Да... Но я старше... и, в конце концов, так велел папа.

Когда во дворе зафырчала отъезжающая машина, Женя вздохнула и оглянулась.

Кругом был разор и беспорядок. Она подошла к пыльному зеркалу, в котором отражался висевший на стене портрет отца.

Хорошо! Пусть Ольга старше и пока её нужно слушаться. Но зато у неё, у Жени, такие же, как у отца, нос, рот, брови. И, вероятно, такой же, как у него, будет характер.

Она туже перевязала косынкой волосы. Сбросила сандалии. Взяла тряпку. Сдёрнула со стола скатерть, сунула под кран ведро и, схватив щётку, поволокла к порогу груду мусора.

Вскоре запыхтела керосинка, и загудел примус.

Пол был залит водой.

В бельевом цинковом корыте шипела и лопалась мыльная пена. А прохожие с улицы удивлённо поглядывали на босоногую девчонку в красном сарафане, которая, стоя на подоконнике третьего этажа, смело протирала стёкла распахнутых окон.

Грузовик мчался по широкой солнечной дороге. Поставив ноги на чемодан и опираясь на мягкий узел, Ольга сидела в плетёном кресле. На коленях у неё лежал рыжий котёнок и теребил лапами букет васильков.

У тридцатого километра их нагнала походная красноармейская мотоколонна. Сидя на деревянных скамьях рядами, красноармейцы держали направленные дулом к небу винтовки и дружно пели.

При звуках этой песни шире распахивались окна и двери в избах. Из-за заборов, из калиток вылетали обрадованные ребятишки. Они махали руками, бросали красноармейцам ещё недозрелые яблоки, кричали вдогонку «ура» и тут же затевали бои, сражения, врубаясь в полынь и крапиву стремительными кавалерийскими атаками.

Грузовик свернул в дачный посёлок и остановился перед небольшой, укрытой плющом дачей.

Шофёр с помощником откинули борта и взялись сгружать вещи, а Ольга открыла застеклённую террасу.

Отсюда был виден большой запущенный сад. В глубине сада торчал неуклюжий двухэтажный сарай, и над крышею этого сарая развевался маленький красный флаг.

Ольга вернулась к машине.

Здесь к ней подскочила бойкая старая женщина — это была соседка, молочница. Она вызвалась прибрать дачу, вымыть окна, полы и стены.

Пока соседка разбирала тазы и тряпки, Ольга взяла котёнка и прошла в сад.

На стволах обклёванных воробьями вишен блестела горячая смола. Крепко пахло смородиной, ромашкой и полынью. Замшелая крыша сарая была в дырах, и из этих дыр тянулись поверху и исчезали в листве деревьев какие-то тонкие верёвочные провода.

Ольга пробралась через орешник и смахнула с лица паутину.

Что такое? Красного флага над крышей уже не было, и там торчала только палка.

Тут Ольга услышала быстрый, тревожный шёпот. И вдруг, ломая сухие ветви, тяжёлая лестница — та, что была приставлена к окну чердака сарая, — с треском полетела вдоль стены и, подминая лопухи, гулко брякнулась о землю.

Верёвочные провода над крышей задрожали. Царапнув руки, котёнок кувыркнулся в крапиву. Недоумевая, Ольга остановилась, осмотрелась, прислушалась. Но ни среди зелени, ни за чужим забором, ни в чёрном квадрате окна сарая никого не было ни видно, ни слышно.

Она вернулась к крыльцу...

...С московского вокзала Женя не успела послать телеграмму отцу, и поэтому, сойдя с дачного поезда, она решила разыскать поселковую почту.

Проходя через старый парк и собирая колокольчики, она незаметно вышла на перекрёсток двух огороженных садами улиц, пустынный вид которых ясно показывал, что попала она совсем не туда, куда ей было надо.

Невдалеке она увидела маленькую проворную девчонку, которая с ругательствами волокла за рога упрямую козу.

— Скажи, дорогая, пожалуйста, — закричала ей Женя, — как мне пройти отсюда на почту?

Но тут коза рванулась, крутанула рогами и галопом понеслась по парку, а девчонка с воплем помчалась за ней следом. Женя огляделась: уже смеркалось, а людей вокруг видно не было. Она открыла калитку чьей-то серой двухэтажной дачи и по тропинке прошла к крыльцу.

— Скажите, пожалуйста, — не открывая дверь, громко, но очень вежливо спросила Женя, — как бы мне отсюда пройти на почту?

Ей не ответили. Она постояла, подумала, открыла дверь и через коридор прошла в комнату. Хозяев дома не было. Тогда, смутившись, она повернулась, чтобы выйти, но тут из-под стола бесшумно выползла большая светло-рыжая собака. Она внимательно оглядела оторопевшую девчонку и, тихо зарычав, легла поперёк пути у двери.

— Ты, глупая! — испуганно растопыривая пальцы, закричала Женя. — Я не вор! Я у вас ничего не взяла. Это вот ключ от нашей квартиры. Это телеграмма папе. Мой папа — командир. Тебе понятно?

Собака молчала и не шевелилась. А Женя, потихоньку подвигаясь к распахнутому окну, продолжала:

— Ну вот! Ты лежишь? И лежи... Очень хорошая собачка... такая с виду умная, симпатичная.

Но едва Женя дотронулась рукой до подоконника, как симпатичная собака с грозным рычанием вскочила, и, в страхе прыгнув на диван, Женя поджала ноги.

— Очень странно, — чуть не плача, заговорила она. — Ты лови разбойников и шпионов, а я... человек. Да! — Она показала собаке язык. — Дура!

Женя положила ключ и телеграмму на край стола. Надо было дожидаться хозяев.

Но прошёл час, другой... Уже стемнело. Через открытое окно доносились далёкие гудки паровозов, лай собак и удары волейбольного мяча. Где-то играли на гитаре. И только здесь, около серой дачи, всё было глухо и тихо.

Положив голову на жёсткий валик дивана, Женя тихонько заплакала.

Наконец она крепко уснула.

Она проснулась только утром.

За окном шумела пышная, омытая дождём листва. Неподалёку скрипело колодезное колесо. Где-то пилили дрова, но здесь, на даче, было по-прежнему тихо.

Под головой у Жени лежала теперь мягкая кожаная подушка, а ноги её были накрыты лёгкой простынёй. Собаки на полу не было.

Значит, сюда ночью кто-то приходил!

Женя вскочила, откинула волосы, одёрнула помятый сарафанчик, взяла со стола ключ, неотправленную телеграмму и хотела бежать.

И тут на столе она увидела лист бумаги, на котором крупно синим карандашом было написано:

«Девочка, когда будешь уходить, захлопни крепче дверь». Ниже стояла подпись: «Тимур».

«Тимур? Кто такой Тимур? Надо бы повидать и поблагодарить этого человека».

СОДЕРЖАНИЕ

ЛИТЕРАТУРНЫЕ СКАЗКИ

СТИХОТВОРЕНИЯ

ПОВЕСТИ

Учебное издание

ЧТЕНИЕ И ЛИТЕРАТУРА

3 класс

Учебник

В трёх частях

Часть 1

Автор-составитель
Джежелей Ольга Валентиновна

Зав. редакцией *С. В. Степанова*
Ответственный редактор *А. В. Рассказова*
Оформление *Т. Е. Добровинская-Владимирова*
Художники *О. В. Барвенко, Т. М. Войтенко, Н. П. Седулина, В. В. Федоров*
Художественные редакторы *Е. П. Кузнецова*
Макет и компьютерная верстка *М. В. Биденко*
Корректор *Л. А. Малинина*
Цветоделение *О. А. Молочков, А. Е. Косых*

Санитарно-эпидемиологическое заключение
№ 77.99.03.953.Д.004992.08.05 от 16.08.2005.

Подписано к печати 27.04.06. Формат 70×90 $^1/_{16}$.
Бумага офсетная. Гарнитура «Школьная». Печать офсетная.
Усл. печ. л. 11,7. Тираж 10 000 экз. Заказ № 14606 (П—Гз).

ООО «Дрофа». 127018, Москва, Сущевский вал, 49.

Предложения и замечания по содержанию и оформлению книги просим направлять в редакцию общего образования издательства «Дрофа»: 127018, Москва, а/я 79. Тел.: (495) 795-05-41. E-mail: chief@drofa.ru

По вопросам приобретения продукции издательства «Дрофа» обращаться по адресу:
127018, Москва, Сущевский вал, 49.
Тел.: (495) 795-05-50, 795-05-51. Факс: (495) 795-05-52.

Торговый дом «Школьник».
109172, Москва, ул. Малые Каменщики, д. 6, стр. 1А.
Тел.: (495) 911-70-24, 912-15-16, 912-45-76.

Сеть магазинов «Переплетные птицы».
Тел.: (495) 912-45-76.

Отпечатано с готовых диапозитивов на
ОАО «Смоленский полиграфический комбинат».
214020, г. Смоленск, ул. Смольянинова, 1.

О. В. Джежелей. «Чтение и литература».

Учебно-методический комплект

Цель курса «Чтение и литература» — формирование навыка чтения, способов и приемов работы с текстом и книгой, знакомство с детской литературой и на этой основе создание предпосылок к формированию культуры общения, реализации творческих способностей, а также к изучению систематического курса литературы в младших классах.

Комплект рекомендован Министерством образования и науки Российской Федерации и включен в Федеральный перечень.

- **О. В. Джежелей**. «Азбука».
- **Н. Г. Агаркова.** «Прописи». № 1, 2, 3, 4.
- **О. В. Джежелей.** «Чтение и литература». Учебник по чтению в период обучения грамоте. 1 класс.
- **О. В. Джежелей.** «Чтение и литература». Программа (Обучение грамоте. Литературные чтения). Методический комментарий.
- **Н. Г. Агаркова.** «Обучение первоначальному письму по прописи к «Азбуке» О. В. Джежелей». Книга для учителя. Методическое пособие.
- **О. В. Джежелей.** «Чтение и литература. Обучение грамоте». 1 класс. Иллюстрированная методика.
- **А. А. Емец.** «Уроки по «Азбуке» к «Учебнику по чтению в период обучения грамоте» О. В. Джежелей».
- **О. В. Джежелей**. «Чтение и литература». Учебник. 1 класс. Ч. 1, 2.
- **О. В. Джежелей**. «Чтение и литература». Учебник. 2 класс. Ч. 1, 2, 3.
- **О. В. Джежелей**. «Чтение и литература». Учебник. 3 класс. Ч. 1, 2, 3.
- **О. В. Джежелей**. «Чтение и литература». Учебник. 4 класс. Ч. 1, 2, 3.
- **О. В. Джежелей.** «Чтение и литература». 1, 2, 3, 4 классы. Книги для учителя. Методические пособия.

КЛАССИЧЕСКАЯ НАЧАЛЬНАЯ ШКОЛА

Комплект рекомендован Министерством образования РФ и включен в Федеральный перечень.

Первый класс

- **Обучение грамоте**
  О. В. Джежелей. «Азбука».
  Н. Г. Агаркова. «Прописи».
  О. В. Джежелей. «Чтение и литература».
  Учебник по чтению в период обучения грамоте.
- **Русский язык**
  Т. Г. Рамзаева. «Русский язык». Учебник.
- **Чтение**
  О. В. Джежелей. «Чтение и литература». Учебник.
- **Математика**
  Э. И. Александрова. «Математика». Учебник.
- **Окружающий мир**
  А. А. Вахрушев и др. «Мир и человек.
  Мир глазами человека». Учебник.
- **Изобразительное искусство**
  В. С. Кузин, Э. И. Кубышкина.
  «Изобразительное искусство». Учебник.
- **Музыка**
  В. В. Алеев, Т. Н. Кичак. «Музыка». Учебник.
- **Технология**
  Н. А. Малышева. «Своими руками». Учебник.

Второй класс

- **Чтение**
  О. В. Джежелей. «Чтение и литература». Учебник.
- **Русский язык**
  Т. Г. Рамзаева. «Русский язык». Учебник.
- **Математика**
  Э. И. Александрова. «Математика». Учебник.
- **Окружающий мир**
  А. А. Вахрушев и др. «Мир и человек.
  Земля. Части света». Учебник.
- **Изобразительное искусство**
  В. С. Кузин, Э. И. Кубышкина.
  «Изобразительное искусство». Учебник.
- **Музыка**
  В. В. Алеев, Т. Н. Кичак. «Музыка». Учебник.
- **Технология**
  Н. А. Малышева. «Своими руками». Учебник.

Третий класс

- **Чтение**
  О. В. Джежелей. «Чтение и литература». Учебник.
- **Русский язык**
  Т. Г. Рамзаева. «Русский язык». Учебник.
- **Математика**
  Э. И. Александрова. «Математика». Учебник.
- **Окружающий мир**
  А. А. Вахрушев и др. «Мир и человек. Живые обитатели планеты». Учебник.
  Е. В. Саплина, А. И. Саплин. «Введение в историю». Учебник.
- **Изобразительное искусство**
  В. С. Кузин, Э. И. Кубышкина. «Изобразительное искусство». Учебник.
- **Музыка**
  В. В. Алеев, Т. Н. Кичак. «Музыка». Учебник.
- **Технология**
  Готовится к изданию.

Четвертый класс

- **Чтение**
  О. В. Джежелей. «Чтение и литература». Учебник.
- **Русский язык**
  Т. Г. Рамзаева. «Русский язык». Учебник.
- **Математика**
  Э. И . Александрова. «Математика». Учебник.
- **Окружающий мир**
  А. А. Вахрушев и др. «Мир и человек. Человек». Учебник.
  Е. В. Саплина, А. И. Саплин. «Введение в историю». Учебник.
- **Изобразительное искусство**
  В. С. Кузин. «Изобразительное искусство». Учебник.
- **Музыка**
  Готовится к изданию.
- **Технология**
  Готовится к изданию.

К учебникам издаются рабочие тетради для учащихся, а также книги для учителя, содержащие программу и методические рекомендации.